本书由中国海洋大学教材出版基金资助

海洋保险：

理论体系、政策沿革及 实践创新

郑慧　编著

中国海洋大学出版社
·青岛·

图书在版编目（CIP）数据

海洋保险：理论体系、政策沿革及实践创新／郑慧编著.
—青岛：中国海洋大学出版社，2024.10
ISBN 978-7-5670-3701-4

Ⅰ.①海… Ⅱ.①郑… Ⅲ.①海洋经济—保险业—研
究—中国 Ⅳ.① F842.69

中国国家版本馆 CIP 数据核字（2023）第 220194 号

海洋保险：理论体系、政策沿革及实践创新
HAIYANG BAOXIAN：LILUN TIXI、ZHENGCE YANGE JI SHIJIAN CHUANGXIN

出版发行	中国海洋大学出版社
社　　址	青岛市香港东路23号　　邮政编码　266071
网　　址	http://pub.ouc.edu.cn
出 版 人	刘文菁
责任编辑	滕俊平　郝倩倩
印　　制	青岛国彩印刷股份有限公司
版　　次	2024 年 10 月第 1 版
印　　次	2024 年 10 月第 1 次印刷
成品尺寸	170 mm × 240 mm
印　　张	11.5
字　　数	205 千
印　　数	1 ~ 1 000
定　　价	50.00 元
订购电话	0532-82032573（传真）

发现印装质量问题，请致电0532-58700166，由印刷厂负责调换。

理论篇

实务篇

理论篇

1 海洋保险的内涵

知识导入：首先，以典型海洋风险案例导入，引出海洋风险的定义及分类，并分析海洋风险的致灾途径。其次，介绍各国对海洋保险的定义，介绍海洋保险的整体情况。最后，重点对传统海上保险、渔业保险、新兴险种三大类海洋保险进行比较。

1.1 海洋保险的定义

1.1.1 海洋风险

1.1.1.1 海洋风险的内涵

海洋面积约占地球表面积的71%，辽阔的海洋为海洋生物提供了生长的家园，也承载着人类的美好向往。随着人类社会的不断发展，海洋产业逐渐成为经济社会不可分割的一部分。然而海无长宁，台风、赤潮、海冰等海洋灾害严重影响海洋生产的稳定发展，海洋风险引起了社会各界的普遍关注。

相信读者一定曾为电影《泰坦尼克号》中男女主角的真挚爱情故事所动容，而深情故事背后是被称为"梦幻客轮"的泰坦尼克号葬身海底。泰坦尼克号是由英国白星航运公司所打造的当时世界上体积最大、最豪华的客轮，由1.5万余名工人耗时三年多建造完成，排水量超过4.6万吨，一度被认为是20世纪初造船业的巅峰之作。但海洋风险从不会对任何"权贵"高抬贵手。1912年4月初，泰坦尼克号开始了处女航，出人意料的是，这次出海却也成为它的最后一次航行。满载旅客的泰坦尼克号在船长爱德华·约翰·史密斯（Edward John Smith）的带领下，从英国南安普敦港出发，计划前往美国纽约。1912年4月14日，厄运发生了，泰坦尼克号与一座巨大的冰山相撞，导致右舷船舶至船中部破裂，最终船体断裂成两截，沉没于北大西洋。沉船事故造成惨痛的损失，在泰坦尼克号2 224名船员及乘客中，仅有700余人侥幸生还。

通常认为，海洋风险指在海洋渔业、海洋航运等海洋经济发展中由不确定性因素影响导致海洋经济生产经营者遭受损失的可能性。灾害性海浪、赤潮、海啸、风暴潮等自然灾害时常侵袭海洋渔业、海洋航运等海洋产业。同时，火灾、战争、外国政府抓扣、海盗和操作人员恶意行为或操作不当等风险同样不可忽视。

1.1.1.2　海洋风险的分类

海洋产业门类众多，所面临的风险更是千差万别。海水温度异常、风暴潮、赤潮、海冰、海浪等是海洋渔业的常见风险。以2012年福建的严重赤潮灾害为例，累计278平方千米的严重赤潮使平潭县鲍鱼笼空空荡荡。据当地海洋与渔业局统计，在赤潮爆发的两个周内，约有5 500万只鲍鱼死亡，直接经济损失超过2.2亿元，同时还有难以估量的灾后污染治理费用。另一方面，渔业生产技术不成熟、不熟练所致的技术风险以及偷盗、抢劫、外来环境污染所致的他人强制性输入风险同样威胁渔业生产的稳定发展。蓬莱19-3油田泄漏事件便让乐亭县的扇贝遭了殃。蓬莱19-3油田是当时国内最大的海上油气田，泄漏事件污染海域超6 000平方千米，造成劣四类海水面积870平方千米。而河北乐亭是重要的水产养殖基地，扇贝养殖面积达35万亩，此次泄漏事件使扇贝的死亡率由3%～5%飙升至50%～70%，经济损失超3.5亿元，不少养殖户数百万元的投入化为乌有。

海洋航运所面临的风险可以分为一般海上风险、外来风险两部分。一般海上风险又可划分为海上灾难和其他灾难，海上灾难仅指海上特有的偶发事故或灾难，具有不可预测性且易造成巨额损失。火灾、盗窃、抛弃等非海上特有的且在船舶航行中经常出现的灾难不属于海上灾难，此类灾害被称为其他灾难，还包括爆炸、船员恶意操作、搬移货物等。"4.27"青岛海域撞船事件便是海上风险的典型案例。2021年4月27日，巴拿马籍杂货船"义海"轮（SEA JUSTICE）与利比里亚籍锚泊油船"交响乐"轮（A SYMPHONY）在青岛东南海域发生碰撞，事故造成500吨燃油撒漏，两船舶均有不同程度的破损。外来风险是指由普通海上风险以外的原因带来的风险，包括与政治、军事和国家法律实施等相关的风险，如战争、罢工、拒绝进口。史上最大海难便是由战争造成的。第二次世界大战期间，德国大型邮轮在波罗的海行驶时被苏联潜艇3枚鱼雷击中，邮轮当即被击沉，海难造成9 000多名德国平民葬身海底，令人惋惜。

"4.27"青岛海域撞船事件

世界史上最大海难

海洋资源勘探开发也同样受到各类自然灾害、海洋环境污染和战争等风险影响。"渤海2号"安全事故的惨痛损失令世人警醒。1979年11月25日，"渤海2号"钻井船在迁移时遭遇10级狂风，致使钻井船翻沉，72名船员遇难，直接经济损失高达

3 700多万元，成为自新中国成立之后最严重的海上石油开发安全事故。

1.1.1.3　海洋风险的致灾途径

1. 妨碍海洋捕捞和航运

海洋捕捞、海洋油气开发、海上交通以及其他海上生产活动很容易受到海洋灾害的影响，严重的海冰和巨大的波浪对此产生的威胁更是不容忽视的。《2021中国渔业统计年鉴》显示，在自然灾害引起的渔业船舶水上安全事故中，由巨大波浪及风灾引起的占80%左右。

2. 损毁沿岸工程设施

以风暴潮为代表的海洋灾害往往伴随着大风、巨浪，对沿岸基础设施的破坏力度非常大。沿岸工程设施的损毁一方面会加重海洋灾害对社会经济生活的危害，另一方面工程设施的修缮、重建又会产生大笔的间接救灾费用。

3. 淹没城镇、耕地、盐田和养殖区

除了海上交通、海洋工程这类直接海上活动易受到海洋灾害的影响外，与海洋活动有关的陆域活动也时常受到海洋灾害的威胁，其中，淹没城镇、耕地、公共设施和民房是直接威胁人民生命财产安全的致灾方式。除了风暴潮等短期内打击力较强的灾害外，海水入侵、赤潮等灾害同样也能在长时间内缓慢地对陆域活动造成干扰，进而危及海岸安全并向内陆发展。

4. 破坏生态环境

《2022年中国海洋灾害公报》显示，2022年以风暴潮、海浪和赤潮灾害为主的海洋灾害造成的直接经济损失超过24亿元，且该数值低于近十年海洋灾害直接经济损失平均值的34%（表1-1）。海洋灾害对沿岸生态的影响，不仅体现在对当代人居住环境的破坏上，更重要的是它还会侵害后代人享有自然资源及环境的权利。

表1-1　2022年沿海各省（自治区、直辖市）主要海洋灾害损失与近十年平均状况对比

省（自治区、直辖市）	2022年			近十年平均值	
	致灾原因	死亡失踪人口/人	直接经济损失/万元	死亡失踪人口/人	直接经济损失/万元
辽宁	无	0	0	1	18 574.63
河北	无	0	0	0	15 924.53
天津	无	0	0	0	824.34
山东	风暴潮、海浪	0	119 973.06	0	43 108.56

续表

省（自治区、直辖市）	2022年			近十年平均值	
	致灾原因	死亡失踪人口/人	直接经济损失/万元	死亡失踪人口/人	直接经济损失/万元
江苏	风暴潮、海浪	0	10 661.10	5	14 979.57
上海	风暴潮	0	73.68	0	1 143.33
浙江	风暴潮、海浪	0	28 063.79	12	156 337.14
福建	海浪、赤潮	0	1 417.22	9	111 717.22
广东	风暴潮	0	76 482.53	10	259 538.85
广西	风暴潮	0	4 483.34	1	40 879.28
海南	无	0	0	5	51 284.69

1.1.2 海洋保险

各国现有对海上保险的定义，大多是基于对海上保险合同的损失补偿属性的解释。英国在《1906年海上保险法》中规定："海上保险合同是在被保险人遭受海上损失，即由于从事航海冒险所发生的损失负责赔偿的合同。"日本《商法》中的定义为"海上保险合同是以补偿因航海事故所发生的损害为目的的合同"。1920年美国的《海商法》解释道："海上保险合同是被保险人在支付保险费后，由保险人按照约定对被保险人在海上危险中的特定利益承担补偿的合同。"《中华人民共和国海商法》规定："海上保险合同，是指保险人按照约定，对被保险人遭受保险事故造成保险标的的损失和产生的责任负责赔偿，而由被保险人支付保险费的合同。"

本书基于张源、金成波等学者的观点，认为海洋保险并非一种特定的险种，而是与海洋经济直接相关的保险产品的统称，是以海洋相关的财产及利益为保险标的，是保险人为被保险人在海上运输、海水养殖、海上贸易等经济活动中的各种风险提供保障的保险。海洋保险目前主要包括三大类：一是传统海上保险，包括货物运输保险、船舶保险、船东责任保险、海上旅客人身意外伤害险等；二是渔业保险，包括海水养殖保险、渔船保险、渔民海上人身意外伤害保险等；三是新兴险种，包括海上石油勘探开发保险、海洋生态损害责任保险、海洋建筑保险、海上平台公众责任保险等。海洋保险的种类繁多，并伴随海洋经济的发展而逐渐丰富。

◆ 拓展阅读 >>>

台风指数保险为福建渔业养殖筑起"防风墙"

福建省是我国水产养殖大省，拥有近4 000千米的海岸线。2019年，福建省海水养殖面积16.4万公顷，海水养殖产量510.72万吨，海水养殖作为当地的特色产业，极大地促进了当地经济发展，是推进乡村振兴战略的重要抓手。然而福建省毗邻西北太平洋的地理位置意味着其易于遭受台风的侵袭，每年从福建省登陆或途经的台风有6～8个。这里海水养殖生产投入大，一旦遭遇强台风，养殖户只能眼睁睁地看着养殖产品受损，福建省每年因台风遭受的损失占渔业总损失的60%以上。创新风险管理手段以更好保障渔民的生产经营安全成为福建省的必然选择。在各方共同努力下，台风指数保险正逐渐为养殖户筑起"防风墙"。福建省的台风指数保险将160千米的海岸线设置为触发线，当台风穿过此触发线且风力达到约定等级时，无论台风过境是否造成损失、无论损失多少，都将按照约定进行赔付。台风指数保险有效缓解了传统渔业保险易出现的道德风险、逆选择、难以定损等问题。2017年，首单台风指数保险在福建诏安开出，总保费20.9万元，为6家养殖户提供380万元的风险保障。随后台风指数保险开始大面积推广，深得养殖户的信任与支持。2018年7月，台风"玛利亚"登陆福建，109户受灾养殖户获得近3 700万元的赔款，有效地保障了养殖户的经济利益。

海洋保险为"苏伊士运河世纪大堵船"买单[①]

著名的苏伊士运河是世界上最繁忙的海上运河之一，是将中东地区丰富的石油资源运往世界各地的唯一海上通道，每年通航船只近2万艘，总吨位约12亿吨，可谓名副其实的"黄金水道"。然而，2021年3月23日，重型巨轮"长赐"号在通过苏伊士运河时因一阵大风使得船舶航行方向失控，堵塞了全球最重要的水路"大动脉"。长达400米的巨轮横在宽约210米的河道中间，致使整条运河完全封闭。本次堵塞共持续6天，据统计，堵船共造成近400艘船只滞留，延误货物总价值达620亿美元，德国安联保险公司分析其造成的全球贸易损失为60亿～100亿美元。索赔接踵而至，仅苏伊士运河管理局便对"长赐"号索要超过10亿美元的天价赔偿。海洋保险将最终为本次事故买单，"长赐"号货轮投保了船舶保险、船舶租赁损失保

---

① 参考资料来源于广西普法网。

险、保赔保险、船东责任保险等诸多险种，相关险种按照约定进行赔付，其中英国保赔协会、国际保赔协会将共同为其提供高达31亿美元的责任赔款。

1.2 海洋保险的特征

1.2.1 承保风险和保险险种的综合性

现代海洋保险所承保的风险范围较广，已经超过传统财产保险的承保风险范围。从风险性质看，海洋保险所承保的风险既有财产风险也有人身风险；从风险类型看，其既涵盖由自然灾害所引起的风险，也有因意外事故和其他外来原因所引起的风险；从风险表现形式看，包括动态风险和静态风险。总体而言，海洋保险承保风险多种多样，具有综合性的特征。

承保风险的多样性决定了保险险种的综合性。在渔业保险方面，不同的养殖产品具有不同的生物学特征，生长周期、养殖方式也不相同，保险产品需要对应不同的险种进行具体设定。目前已构建了鱼类、贝类、甲壳类、藻类、海参等海产品对应的保险险种。与渔业养殖保险类似，运输方式与保险标的的丰富也决定了海上保险险种的多样。海上保险可以分为船舶保险、货物运输保险、运费保险等。以货物运输保险为例，根据所运输货物的特征，可以分为海上运输货物保险、海上运输冷藏货物保险和集装箱运输保险等。

以上文提到的苏伊士运河堵船事件为例，一次海上航行通常投保多个保险产品，"长赐"号搁浅事件就涉及了多个险种的赔付，有船舶保险、船东责任保险、保赔保险、货物运输保险、运费保险等。

1.2.2 保险关系的特殊性

海洋保险关系的特殊性体现在其具有国际性。海上运输大多是跨区域、跨国进行的，船舶、货物经常往返于不同国家，由此赋予了海洋保险国际性的特征。在海洋保险的签订与履行过程中，遵守国际法律和通用准则成为保险关系人的必然选择。

与其他保险不同，海洋保险的再保险有着更为重要的作用。通常，涉海风险的发生易造成巨额损失，再保险的存在对于维护原保险公司的偿付能力和风险分散能力有着重要意义。

◆ **拓展阅读** >>>

海上风电开发再保支持不可缺①

《国民经济和社会发展第十四个五年规划和2035年远景目标纲要》中明确要求"有序发展海上风电"。截至2021年底，我国的海上风电装机容量已超越英国，跃居世界第一。然而海上风电项目具有高投入、高风险的特征，项目除了投保财产一切险、机器损坏险、营业中断险等险种外，还需要再保险给予超额保障支持。以中国财产再保险有限责任公司为例，截至2022年，中国财产再保险有限责任公司累计为我国海上风电项目提供超500亿元的再保险保障，保险标的涉及国家能源集团、国家电投、华能等20余家电力龙头企业。

1.2.3　保障对象的多变性

海上保险保障的对象是指与保险人签订海上保险合同的被保险人。海上保险保障对象的多变性是指海上货物保险中的被保险人经常发生变化。与其他保险不同，海上货物运输保险在保险单转让时可以不征得保险人的同意，而随保险标的所有权的转让而转让，只需被保险人在保险单上背书即可。之所以有这样的规定是因为在海上运输中经常发生货物交易，海上运输保险所承保的货物通常价值较高，进行国际贸易不仅要实现货物的使用价值，更重要的是实现货物的保值与增值。这些特征决定了货物在运输途中频繁易手，使得海上保险的保障对象具有多变性。

1.2.4　保险责任确定的复杂性

海洋保险责任的确定相对复杂。例如，在渔业保险中，海水养殖保险标的的生存环境一般在水下甚至是深海，保险人无法对其状态进行实时监控。当遇到风暴潮等海洋灾害或者极端气候事件时，保险标的致灾损失也难以精准统计。所以，海水养殖保险往往被认为是一个道德风险较高的市场。在海上运输保险中，承保风险不仅涉及财产风险也包括责任风险。在长途运输中，保险标的通常处于流动状态，海上复杂的运输环境和频繁的自然灾害增加了保险标的出险的机会。在现代航海运输中，"仓至仓"或"门至门"要求延伸了保险保障范围，也增加了保险责任确定的复杂性。

---

① 参考资料来源于中国再保险（集团）股份有限公司官网。

◆ 拓展阅读 >>>

多重损失下保险应如何赔付

我国某外贸公司按CIF向中东地区出口一批货物，在运输前投保了平安险、水渍险、偷盗提货不着险。航程开始后，货船于5月18日在海上遇到暴风雨，致使货物损失34万美元；于5月23日因舱内食用水管漏水致使货物损失10万美元；而后又因中东战争货船被扣押，致使进货商无法提货。在本案例中，平安险需对暴风雨所致的34万美元损失进行赔偿，而食用水管破裂属于淡水雨淋险的保障范畴，并不属于水渍险的保障范畴，因战争被扣押属于战争险的保障范畴而并非偷盗提货不着险的保障范畴，因此对食用水管破裂与战争造成的损失不予赔付。

1.3 海洋保险的类型

1.3.1 传统海上保险

传统海上保险主要包括海洋货物运输保险、船舶保险、运费保险、船东责任保险、轮船旅客人身意外伤害保险等。我国承办海上保险的历史可以追溯到1876年，民族保险公司仁和水险的出现揭开了海上保险发展的序幕。目前国内运营海上保险的公司主要是中国太平洋保险（集团）股份有限公司、中国平安保险（集团）股份有限公司、中国人民保险集团股份有限公司三家公司，海上保险业务主要集中于上海、广州、天津、青岛、大连等港口城市。目前我国海上保险较其他发达国家而言，尚处于初步阶段，但随着共同建设21世纪"海上丝绸之路"倡议的提出，海上保险业驶进了发展的快车道。

1.3.1.1 海洋货物运输保险

海洋货物运输保险是指以海上所运输的货物为保险标的，保险人对货物在运输途中因自然灾害和意外事故所致的经济损失负赔偿责任的保险。目前我国海洋货物运输保险的险种主要包括平安险、水渍险、一切险三大类。其中，平安险（free from particular average）或称"不包括单独海损险"，该险种承保范围包括自然灾害和意外事故造成的货物的全部损失，因运输工具受损所致货物的部分损失以及有关费用的赔偿。水渍险或称"包括单独海损险"，该险种承保范围在平安险承保范围的基础上继续扩大，还承担因自然灾害事故所致货物部分损失的赔偿责任。一切险承保范围在平安险、水渍险承保范围的基础上进一步扩大，还对由于各种外来原因造成的货物损失承担赔偿责任。

◆ **拓展阅读** >>>

"哈卡"号货轮损失纠纷惹人议①

1995年，海南丰海粮油工业有限公司所有的"哈卡"号货轮向中国人民财产保险股份有限公司海南分公司投保了一切险，货价为3 574 892.75美元，保险金额为3 951 258美元，保险费为18 966美元。后由于"哈卡"号货轮船东与期租人出现租金纠纷，将货物运走销售并存在走私行为造成保险标的损失。保险公司拒不赔偿相应损失，本事件造成了法律纠纷，最终法院认定保险公司需赔偿丰海公司所受损失，共计3 593 858.75美元。

1.3.1.2 船舶保险

船舶保险是指以水上交通工具及其附属设备为保险标的，保险人对保险标的因自然灾害和意外事故所致的全部或部分损失及第三者责任负赔偿责任的保险。船舶保险的保障范围相对广泛，包含对船壳、机器等财产的保障，也包含对运费、利润等费用的保障，同时还包括对碰撞责任、法律责任和契约责任的保障。按保险利益分类，船舶保险可以分为船舶一切险与船舶全损险。船舶一切险或称船舶综合险，是指船舶因保险事故造成全部损失或部分损失以及因船舶碰撞、搁浅所造成的第三者责任，均由保险人承担相应的赔偿责任。而船舶全损险只对因保险事故造成的全部损失负赔偿责任，对部分损失不予赔付。

◆ **拓展阅读** >>>

轮船相撞，保险来赔

2018年，长江入海口处发生严重的轮船相撞事件，满载凝析油的"桑吉"轮与散货轮"长峰水晶"号相撞。事故造成"桑吉"轮沉没，船上32名船员遇难，同时轮船上的凝析油发生泄漏，造成了严重的海洋污染。在此次事故中"桑吉"轮对货物投保了协会散装油险，保险人将以保险金额为限赔偿被保险人的损失，使得本次事故的损失得到有效补偿。

---

① 详见最高人民法院"海南丰海粮油工业有限公司诉中国人民财产保险股份有限公司海南省分公司海上货物运输保险合同纠纷"案。

1.3.1.3　船东责任保险

船东责任保险或称保赔保险，是对船舶运营过程中因船舶自身操作过失致使第三方或与其订立合同的另一方遭受财产损失或人身伤亡履行赔偿责任的保险。所保障的范围是船舶保险不保的各类责任，主要包括船舶不予承保的碰撞责任、合同责任、环境污染责任及罚款费用等。从保障责任的类别进行分类，船东责任保险所保障的风险责任可以分为保险责任和赔偿责任两部分。船东责任保险具有互助性质，通常由船东保赔协会举办。

1.3.1.4　运费保险

运费保险是以海上航运的预期运费收益为保险标的的保险。运费收益与航海货物同样遭受各类风险，在海上运输到付运费的情况下，承运人为保障稳定收益可向保险公司按航程投保运费保险。运费按缴纳时间可以分为预付运费、保付运费、到付运费，只有当缴费方式为到付运费时，船东才对收取的运费具有保险利益。根据运费保险的承保方式进行分类，可以分为定期保险和航程保险。

1.3.1.5　轮船旅客人身意外伤害保险

轮船旅客人身意外伤害保险是以被保险人的身体为保险标的，如被保险人乘坐商业轮船期间因意外事故所致身故、残疾，保险人按约定给付保险金。所给付的保险金按类别可分为身故保险金和残疾保险金。在保险期限内，如被保险人因同一意外伤害事故致多项残疾时，保险人应分项给付保险金，给付总额不超过保险金额。

1.3.2　渔业保险

渔业是国民经济中不可缺少的重要组成部分。《2020年全国渔业经济统计公报》显示，按当年价格计算，全社会渔业经济总产值27 543.47亿元，全国水产养殖面积7 036.11千公顷，年末渔船总数56.33万艘、总吨位1 005.93万吨。但同时，渔业属于一个高投入、高风险的行业，渔业生产的场地是海洋与内陆水域，相比于陆地上的农业类别，水上生产有着更高的风险，较之陆地农业从业者，渔业从业者面对的自然灾害风险性也更高，发生风险事件时遭受的损失也更严重。（表1-2）

表1-2　2015—2020年全国渔业灾情统计

年份	水产品产量损失/万吨	受灾养殖面积/千公顷	直接经济损失/亿元
2020	54.67	388.53	106.49
2019	84.22	741.83	156.37

续表

年份	水产品产量损失/万吨	受灾养殖面积/千公顷	直接经济损失/亿元
2018	83.44	606.79	157.61
2017	95.69	719.60	173.56
2016	164.39	1 069.50	287.79
2015	99.91	690.81	200.16

　　保险作为风险管理的重要工具，是保障渔业生产稳定的"压舱石"与"稳定器"。目前渔业保险主要有三类：一是针对水产养殖开设的水产养殖保险；二是针对渔业生产、加工设施设备开设的渔船保险、渔业码头保险等与渔业生产资料相关的保险；三是针对渔业从业者开设的雇主责任保险和渔民人身意外伤害保险。（表1-3）截至2020年底，我国渔业互助保险系统累计承保渔民1 399.54万人（次），承保渔船100.71万艘（次），提供风险保障3.94万亿元，共计为1.45万名死亡（失踪）渔民、11.69万名受伤渔民以及11.32万艘全损或部分受损渔船支付经济补偿金78.22亿元。[①]

表1-3　我国渔业保险产品整理[②]

	险种	保险人	承保损失	投保要求
渔船保险	"安信护航盾"群众渔船综合保险	安信农业保险公司	船体及随船人员遭受意外损害	捕捞证书有效齐备，且船体处于正常作业期间
	渔船南沙涉外互助保险	中国渔业互保协会	保险渔船全损和部分损失；为避免外国军警抓扣而采取弃网行为，造成网具损失；为避免外国军警抓扣而与外国军警舰船以外的其他船舶碰撞，造成其他船舶的船体和证书上载明的机器、设备和仪器的损失；为防止或减少损失而采取施救或救助措施所支付的必要的、合理的施救或救助费用	投保人为会员单位

[①] 参考资料来源于中国渔业互保协会官网。
[②] 参考资料来源于中国渔业互保协会、相关保险公司官网。

续表

	险种	保险人	承保损失	投保要求
渔船保险	渔船互助保险海南省渔船共保体渔船保险	中国渔业互保协会	风灾、洪水、地震、海啸、雷击、崖崩、滑坡、泥石流、冰灾；火灾、爆炸；碰撞、触碰、搁浅、触礁；航行或生产过程中失踪两个月以上等造成的损失	投保人为会员单位
	渔船保险	人保财险、大地财险、中华联合、太平洋、平安产险等全国性财产保险公司均可承保	暴风雨、台风、雷电、流冰、地震、海啸、洪水、火山爆发、搁浅、触礁、沉没、碰撞、失火、锅炉或其他设备爆炸、油管破裂等自然灾害和意外事故；被保险渔船的救助费用；被保险渔船搁浅后为检查船底所付的费用；被保险渔船因发生保险单责任范围内的损失而进行修理时船上必须保留的船员的工资和生活费用；共同海损的牺牲、分摊；在碰撞事故中，被保险渔船应负责赔偿的被碰撞的船舶及所载物、船坞、码头或其他固定物的损失、延迟、丧失使用和救助费用或人身伤害、死亡、生命救助费，但以不超过被保险渔船的保险金额为限	保险期限最长一年，到期可以续保；作业区域以保险单中列明的区域为限
	沿海渔船保险	太平财产保险有限公司	搁浅、倾覆、沉没、碰撞、触礁、火灾、爆炸、雷击、八级以上大风、龙卷风、海啸、洪水、崖崩、破坏性地震、地陷、泥石流、冰凌、滑坡，航行中全船失踪六个月以上等造成的损失	具有国家渔业船舶主管部门签发的适航证明和捕捞许可证明，并专门从事渔业生产或为渔业生产服务的渔船，包括船体、轮机、仪器、设备
	沿海内河渔船保险	中国人寿财产保险股份有限公司	包括全损险和一切险	在中华人民共和国境内（不包括港澳台地区）合法登记注册并具有国家渔业船舶主管机关签发的检验证书和捕捞许可证的渔业船舶，包括船体、机器、设备、仪器

险种	保险人	承保损失	投保要求
人身保险 渔民人身平安互助保险、海南省渔民共保体渔民海上人身意外伤害保险	中国渔业互保协会	人身意外伤害保险	投保人为会员单位
雇主责任互助保险	中国渔业互保协会	与一般雇主责任保险相同	投保人为会员单位
雇主南沙涉外责任互助保险	中国渔业互保协会	雇工在南沙传统海域生产作业的渔船上工作，由于遭外国军警枪（炮）击等暴力行为导致死亡或伤残，或被外国军警抓扣等造成的经济赔偿责任	投保人为会员单位
水产养殖保险 "安信致富通"水产养殖保险	安信农业保险公司	水产养殖遭受自然灾害损失	持有相关水产养殖许可证；养殖时间一年以上
水产养殖保险	中航安盟财产保险有限公司	鱼类感染的重大疾病、自然灾害、意外事故、水域污染以及浮头等造成的损失	该险种属于地方财政补贴险种，由市、县两级财政给予补贴，保费补贴比例50%～60%
安徽省淡水养殖（鱼）保险	国元农业保险股份有限公司	水产养殖遭受的损失	持有《水域滩涂养殖许可证》或养殖承包合同证有效
中原农险河南省地方财政淡水养殖保险	中原农业保险有限公司	泛塘、溃塘、漫塘、重大疫病以及政府实施强制扑杀直接造成保险鱼虾损失，损失率达到20%（含）以上	凡是从事淡水养殖的农户、农民专业合作组织、集体经济组织或企业均可作为本保险合同的被保险人

1.3.2.1 水产养殖保险

水产养殖保险是以养殖产品为保险标的，对养殖过程中因自然灾害和意外事故所致的经济损失提供补偿的保险。在这里，对水产养殖的界定是养殖区域为海洋水域、滩涂或者内陆水域中的可供养殖的面积，养殖的种类为鱼类、虾类、蟹类、贝类、藻类等，经过在养殖区域内人工投放苗种、按时喂养饵料等经营管理程序，获得相应数量的海洋产品。

从水产养殖的水域环境条件来分，水产养殖保险主要有淡水养殖保险和海水养殖保险两大类。淡水养殖保险的保险标的主要有鱼、河蚌等。淡水养殖保险主要承保自然灾害或非人为因素造成意外事故所致保险标的的死亡，对因疾病引起的死亡一般不予承保。海水养殖保险是为利用海水资源进行人工养殖者提供的一种保险。目前，开办的海水养殖保险有虾养殖保险、扇贝养殖保险等。海水养殖主要集中在沿海地区的浅海和滩涂，因此面临的风险主要是台风、海啸、异常海潮、海水淡化或海水污染等造成保险标的的流失或死亡。海水养殖保险的保险责任主要是对自然灾害造成的流失、缺氧浮头死亡等承保，对疾病、死亡风险一般须特约承保。从全国范围来看，气象指数型海水养殖渔业保险产品的实践正逐步展开。2015年，在保险公司和政府部门的双向推动下，广西牡蛎风力指数保险开始试点。2022年6月，由中国人寿财产保险股份有限公司承保的全国首单渔业碳汇指数保险在山东威海落地。目前，我国水产养殖保险覆盖率尚低，供给能力不足，未来发展空间广阔。

保险责任根据造成结果的不同分为两大类：一类的最终结果是水产品已经死亡，称为死亡责任。造成死亡的原因一般是缺氧、疾病、他人投毒等灾害事故。另一类的最终结果是水产品流失到他处，称为流失责任。造成流失的原因则是台风、洪水、龙卷风、海啸等自然灾害损坏了鱼塘、虾池的防护措施。不同水产品的养殖周期不同，适合的地域条件也不同，这就决定了其保险期限也大不相同。保险金额的确定一般是依据水面的面积大小，有的采用保成本的方法，有的采用保产值的方法。两种方法的保险金额的确定也不一样：保成本法的最高保险金额大致与保险标的在收获时投入的成本一致；保产量法的保险金额的确定主要依据保险标的的市场价格或者产品的销售价格和产量，承保比例一般为50%～70%。在厘定保险费率时，主要参考的因素有保险标的的损失率、单次损失的最大值以及承保责任时间的长度等。

2020年，全球水产养殖有效保单数量估计超过4万份。印度尼西亚和中国是水产养殖保险的最大市场，分别有1.5万份和1.2万份有效保单。2020年约有83%的水产养殖死亡险保单在亚洲签发。[1]资金充裕的大型水产养殖从业者得到了最佳的保险服务，而中等和小规模养殖从业者，特别是发展中国家的中等和小规模养殖从业者，保险选择有限，保险费率高，所以缺乏有效的保险保障。因此，总体上水产养殖保险服务的供给是不充分的，而在亚洲这种供给不足的矛盾尤其突出。

① 参考资料来源于联合国粮食及农业组织。

◆ 拓展阅读 >>>

安信农业保险股份有限公司上海市地方财政池塘养蟹保险条款①

总 则

第一条 本保险合同由保险条款、投保单、保险单、保险凭证以及批单组成。凡涉及本保险合同的约定，均应采用书面形式。

第二条 本保险产品基于宝山区政府文件开发，上海市其他区县同类产品如适用本条款，可以当地政府文件为准适用本条款。

保险标的

第三条 凡养殖或负责管理池塘养殖河蟹的农户、养殖企业、农民专业合作组织、集体经济组织等均可作为本保险合同的投保人和被保险人。同时符合下列条件的池塘养殖河蟹，可作为本合同的保险标的（以下简称保险塘蟹）：

（一）投保塘主信用记录良好且具有一定养蟹经验，从事池塘养蟹已有一年（含）以上；

（二）塘水理化指标符合淡水养殖用水标准，池塘附近无明显工业、建设和畜牧养殖污染源；

（三）塘堤结实，堤上防逃设施牢固；遇有毁坏或破损的，塘主能及时进行修补；

（四）重视水草培植，饲料投入适当，塘底中央开有降温沟槽，放养密度合理；

（五）每一养殖周期结束，塘主能对蟹塘及时进行清淤、消毒和整修的。投保人应当将符合上述条件的蟹塘全部投保，不得选择投保。

第四条 下列塘蟹或按下列养蟹方式养殖的蟹，不属于本保险合同的保险标的：

（一）受到灾害或蟹病侵袭，正处在危险状态的蟹；

（二）已经脱水待运、待销的蟹；

（三）围湖养蟹、稻田养蟹和以其他养殖方式养殖的蟹。

第五条 以培育蟹苗为目的的，其在养的亲蟹及其孵出的蟹苗不属于保险标的。以培育扣蟹为目的，其正在培育的扣蟹不属于保险标的。

保险责任

第六条 在保险期间内，由于下列原因直接造成保险塘蟹损失的，保险人按照本保险合同的约定负责赔偿：

---

① 资料来源：安信农业保险股份有限公司官网

（一）发生暴风、台风、龙卷风、暴雨、洪水灾害致使蟹塘漫堤溃堤，造成保险塘蟹流失的；

（二）保险塘蟹患有甲壳溃疡病、黑鳃病、水肿病和纤毛虫病，致使发生集中性、漂浮状和大批量（每次事故每亩水面漂浮的死蟹平均须达80只及以上，下同）死亡的；

（三）发生连续七天35 ℃及以上高温，致使水温升高，水体变质，保险塘蟹食欲不旺、营养失衡，造成保险塘蟹蜕壳不遂而发生集中性、漂浮状和大批量死亡的。

责任免除

第七条 出现下列任一情形时，保险人不负责赔偿：

（一）投保人及其家庭成员、被保险人及其家庭成员、投保人或被保险人雇佣人员的故意或重大过失行为及他人的恶意破坏行为；

（二）地震、海啸；

（三）行政行为或司法行为；

（四）污水、污物的排放污染和田间农药的流入毒害。

第八条 下列损失、费用，保险人也不负责赔偿：

（一）飞鸟水鼠等动物猎食造成损失的；

（二）按本保险合同中载明的免赔率计算的免赔额；

（三）蟹病化验费用，以及送验过程中产生的交通费、食宿费等；

（四）被保险人的弃养行为，或已改养其他水产品的。

第九条 其他不属于本保险责任范围的损失、费用，保险人也不负责赔偿。

保险金额与免赔率

第十条 保险塘蟹的每亩保险金额参照保险塘蟹的每亩养殖成本，由投保人与保险人协商确定，并在保险单中载明。

保险金额=每亩保险金额（元/亩）×保险面积（亩）

保险面积根据塘口面积确定，具体以保险单载明为准。

第十一条 除另有约定外，每次事故的绝对免赔率为30%。

保险期间

第十二条 本保险合同的保险期间参考保险塘蟹养殖周期，具体起讫日期由投保人与保险人协商确定，并在保险单中载明，但最长不得超过一年。

第十三条 自保险责任期间开始之日起15日（含）内为保险塘蟹的疾病观察

期。保险塘蟹在疾病观察期内因保险责任范围内的疾病导致损失的，保险人不负责赔偿。

保险人义务

第十四条 订立保险合同时，采用保险人提供的格式条款的，保险人向投保人提供的投保单应当附格式条款，保险人应当向投保人说明合同的内容。对保险合同中免除保险人责任的条款，保险人在订立合同时应当在投保单、保险单或者其他保险凭证上作出足以引起投保人注意的提示，并对该条款的内容以书面或者口头形式向投保人作出明确说明；未作出提示或明确说明的，该条款不产生效力。

第十五条 本保险合同成立后，保险人应当及时向投保人签发保险单或者其他保险凭证。

第十六条 保险人依据第二十条所取得的保险合同解除权，自保险人知道有解除事由起，超过30日不行使而消灭，发生保险事故的，保险人应当承担赔偿责任。保险人在合同订立时，已经知道投保人未如实告知的情况的，保险人不得解除保险合同；发生保险事故的，保险人应当承担赔偿责任。

第十七条 保险人按照本保险合同的约定，认为被保险人提供的有关索赔的证明和资料不完整的，应当及时一次性通知投保人或被保险人补充提供。

第十八条 保险人收到被保险人的赔偿请求后，应当及时作出是否属于保险责任的核定；情形复杂的，应当在30日内作出核定，但本合同另有约定的除外。保险人应当将核定结果通知被保险人；对属于保险责任的，在与被保险人达成赔偿保险金协议的10日内履行赔偿义务。保险合同对赔偿期限有约定的，保险人应当按照约定履行赔偿保险金的义务。保险人依照前款的规定作出核定后，对不属于保险责任的，应当自作出核定的3日内向被保险人发出拒绝赔偿保险金通知书，并说明理由。

第十九条 保险人自收到赔偿保险金的请求和有关证明、资料之日起60日内，对赔偿的数额不能确定的，应当根据已有的证明和资料对可以确定的数额先行支付；保险人最终确定赔偿的数额后，应当支付相应的差额。

投保人、被保险人义务

第二十条 订立保险合同，保险人就保险标的或者被保险人的有关情况提出询问的，投保人应当如实告知。投保人故意或者因重大过失未履行前款规定如实告知义务，足以影响保险人是否同意承保或者提高费率的，保险人有权解除本合同。投保人故意不履行如实告知义务的，保险人对于保险合同解除前发生的保险事故不承担赔偿保险金的责任，并不退还保险费。投保人因重大过失未履行如实告知义务，对保险事故的发生有严重影响的，保险人对于合同解除前发生的保险事故不承担赔偿保险金的责任，但应当退还保险费。

第二十一条 投保人应在保险合同成立时交清自负部分保险费。投保人未按照保险合同的约定及时足额交付保险费的，保险人可解除保险合同，保险合同自保险人解除保险合同的书面通知送达投保人时解除，保险人有权向投保人收取保险责任开始时至保险合同解除时期间的保险费。

第二十二条 投保人、被保险人应当向保险人提供标明投保面积的四至坐标、地物的平面图。投保人为多个被保险人投保的，应当提供分户明细表。

第二十三条 被保险人应当遵守国家及地方有关水产养殖管理的规定，搞好养殖管理，建立、健全和执行安全养殖的各项规章制度，接受水产部门和保险人的防灾检查及合理建议，切实做好安全防灾、防损工作，维护保险标的的安全。保险人可以对被保险人遵守前款约定的情况进行检查，及时向投保人、被保险人提出消除不安全因素和隐患的书面建议，投保人、被保险人应该认真付诸实施。

第二十四条 保险标的转让的，被保险人或者受让人应当及时通知保险人。

第二十五条 知道保险事故发生后，被保险人应该：

（一）尽力采取必要、合理措施，防止和减少损失，否则，对因此扩大的损失，保险人不承担赔偿责任；

（二）及时通知保险人，并书面说明事故发生的原因、经过和损失情况；故意或者因重大过失未及时通知，致使保险事故的性质、原因、损失程度难以确定的，保险人对无法确定的部分不承担赔偿保险金的责任，但保险人通过其他途径已经及时知道或者应当及时知道保险事故发生的除外；

（三）保护事故现场，允许并协助保险人进行事故调查。

第二十六条 被保险人请求赔偿时，应当向保险人提供下列证明和资料：

（一）保险单正本、保险费支付凭证；

（二）出险通知书、损失清单，关于事故发生时间、原因、经过、损失程度以及施救措施等情况的说明；

（三）区（县）级及以上水产技术（研究）、气象等部门的事故证明；

（四）被保险人委托投保人向保险人请求赔偿金的委托书；

（五）投保人、被保险人所能提供的与确认事故的性质、原因、损失程度等有关的其他证明和资料。被保险人未履行前款约定的义务，导致保险人无法核实损失情况的，保险人对无法核实的部分不承担赔偿责任。

赔偿处理

第二十七条 保险事故发生时，被保险人对保险标的不具有保险利益的，不得向保险人请求赔偿保险金。

第二十八条 发生保险责任第（一）款事故损失，当溃堤长度占出险塘的塘堤周长0.5%（含）以上，同时结合考虑事故延续日数和日流失率因素，保险人启动理赔程序。

（一）当事故延续天数少于3日（不含），事故延续天数以实际事故延续天数为准；当事故延续天数多于3日（含），最高以3日计算损失；

（二）除另有约定外，日流失率约定25%（应根据蟹塘位置合理分析，如蟹群仅限在同一被保险人的蟹塘之间相互逃窜的，则不构成保险赔偿）。

（三）保险赔偿金计算：

赔偿金额＝每亩保险金额（元）×出险时已养殖月数对应赔偿比例（如下表）×日流失率×事故延续天数×出险亩数×（1−每次事故的绝对免赔率）

第二十九条 发生保险责任第（二）或第（三）款事故损失，保险人按下列公式计算赔偿金：

赔偿金额＝损失数量（公斤）×赔偿单价（元/公斤）×（1−每次事故的绝对免赔率）

赔偿单价＝每亩保险金额（元/亩）/保险亩均产量（公斤/亩）×出险时已养殖月数对应赔偿比例

第三十条 发生保险事故时，保险单载明的保险面积小于其可保面积时，可以区分保险面积与非保险面积的，保险人以保险单载明的保险面积为赔偿计算标准；无法区分保险面积与非保险面积的，保险人按保险单载明的保险面积与可保面积的比例计算赔偿。保险单载明的保险面积大于其可保面积时，保险人以可保面积为赔偿计算标准。本条所指可保面积指符合第三条规定的保险塘蟹实际养殖面积。

第三十一条 发生保险事故时，如果存在重复保险，保险人按照本保险合同的相应保险金额与其他保险合同及本合同相应保险金额总和的比例承担赔偿责任。其他保险人应承担的赔偿金额，本保险人不负责垫付。若被保险人未如实告知导致保险人多支付保险金的，保险人有权向被保险人追回多支出的部分。

第三十二条 未发生保险事故，被保险人谎称发生了保险事故，向保险人提出赔偿请求的，保险人有权解除合同，并不退还保险费。投保人、被保险人故意制造保险事故，保险人有权解除合同，不承担赔偿责任，不退还保险费。保险事故发生后，投保人、被保险人以伪造、变造的有关证明、资料或者其他证据，编造虚假的事故原因或夸大损失程度的，保险人对其虚报的部分不承担赔偿责任。

第三十三条　发生保险责任范围内的损失，应由有关责任方负责赔偿的，保险人自向被保险人赔偿保险金之日起，在赔偿金额范围内代位行使被保险人对有关责任方请求赔偿的权利，被保险人应当向保险人提供必要文件和所知道的有关情况。被保险人已经从有关责任方取得赔偿的，保险人赔偿保险金时，可以相应扣减被保险人已从有关责任方取得的赔偿金额。保险事故发生后，保险人未赔偿保险金之前，被保险人放弃对有关责任方请求赔偿权利的，保险人不承担赔偿责任；保险人向被保险人赔偿保险金后，被保险人未经保险人同意放弃对有关责任方请求赔偿权利的，该行为无效；由于被保险人故意或者因重大过失致使保险人不能行使代位请求赔偿的权利的，保险人可以扣减或者要求返还相应的保险金。

第三十四条　被保险人向保险人请求赔偿的诉讼时效期间为两年，自其知道或应当知道保险事故发生之日计算。

争议处理与法律适用

第三十五条　因履行本保险合同发生的争议，由当事人协商解决。协商不成的，提交保险单载明的仲裁机构仲裁；保险单未载明仲裁机构且争议发生后未达成仲裁协议的，依法向人民法院起诉。

第三十六条　与本保险合同有关的以及履行本合同产生的一切争议，适用中华人民共和国法律（不包括港澳台地区法律）。

其他事项

第三十七条　保险责任开始前，投保人要求解除保险合同的，保险人应当退还保险费。保险责任开始后，投保人要求解除保险合同的，保险人可以同意解除合同。保险合同解除，保险人按日比例计收自保险责任开始之日起至合同解除之日止期间的保险费后，退还剩余部分保险费。

第三十八条　保险塘蟹发生全部损失，属于保险责任的，保险人在履行赔偿义务后，本保险合同终止；不属于保险责任的，本保险责任终止，保险人按日比例计收自保险责任开始之日起至损失发生之日止期间的保险费，并退还剩余部分保险费。

释　义

第三十九条　本保险合同涉及下列术语时，适用下列释义：

（一）暴风：指风速在17.2米/秒（含）以上，风力在8级（含）以上的风灾。

（二）台风：指中心附近最大平均风力12级或以上，即风速在32.6米/秒（含）以上的热带气旋。

（三）龙卷风：指一种范围小而持续时间短的猛烈旋风，陆地上最大风速为79～103米/秒，极端最大风速在100米/秒（含）以上。

（四）暴雨：指降雨量每小时在16毫米（含）以上，或连续12小时降雨量达30毫米（含）以上，或连续24小时降雨量达50毫米（含）以上。

（五）洪水：指山洪暴发、江河泛滥、潮水上岸及倒灌或暴雨积水。规律性涨潮、海水倒灌、自动灭火设施漏水以及常年水位线以下或地下渗水、水管爆裂不属洪水责任。

（六）甲壳溃疡病：蟹的外骨骼发生溃疡性损伤，早期在甲壳上有许多褐色斑点，每个斑点中心呈微红色下凹，晚期斑点边缘呈黑色，中心部分溃疡加深，甲壳被侵袭成洞，可见肌肉或皮膜，最终导致河蟹死亡。

（七）黑鳃病：症状感染部位主要是鳃部，病轻时鳃丝部分呈暗灰色或黑色，重时则鳃丝全部为黑色，病蟹行动迟缓，呼吸困难。

（八）水肿病：症状病蟹腹脐及背壳下方肿大呈透明状，拒食致死。

（九）纤毛虫病：症状初期蟹体表长有许多黄绿色或棕色绒毛状物，行动迟缓，触角不敏感，体表附肢有滑腻感，镜检可见许多纤毛类寄生虫附着。

（十）故意行为：指行为人意识到了某一行为结果发生而追求并希望该结果发生或行为人放任并不反对结果发生的行为。

（十一）重大过失行为：指行为人不但没有遵守法律规范对其较高要求，甚至连人们都应当注意并能注意的一般标准也未达到的行为。

（十二）地震：指地壳发生的震动。

（十三）海啸：指由海底地震，火山爆发或水下滑坡、塌陷所激发的海洋巨波。

（十四）行政行为、司法行为：指各级政府部门、执法机关或依法履行公共管理、社会管理职能的机构下令罚没、抵债保险标的的行为。

1.3.2.2 渔船保险

渔船保险是以专门从事渔业生产的渔船为保险标的，保险人对船舶在航行途中因自然灾害和意外事故所致的损失及第三者责任承担赔偿责任的保险。实施渔船保险是保障渔民切身利益的需要。海洋捕捞业风险性很大，渔船一旦出事，就是大事，往往造成青壮年劳动力的伤亡，渔民家庭失去主要劳动力就会失去生活的主要来源。渔船保险目前是中国渔业保险的主要险种，占据渔业保险市场的绝大份额，涉及的保险人和保险业务范围遍布全国。海洋渔船保险所覆盖的渔船数量在全球范围内约为45万艘。约61%的受保渔船在亚洲，其次是美洲（18%）、欧洲（14%）和非洲（6%）。（图1-1）

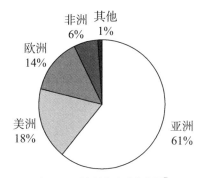

图1-1　受保渔船全球分布图[①]

与陆上其他财产保险相比，渔船保险具有以下几个特点。

（1）风险大。一是由于渔船作业具有范围广、生产方式分散、流动性大、水上气候变化无常等特点，渔船损毁和灭失直接威胁渔民生命安全，往往造成船毁人亡的悲剧，使得捕捞业尤其是海洋捕捞业成为国际公认的最危险行业之一。此外，由于渔船价值高、风险大，保费往往远高于其他险种。二是道德风险高，渔船完全掌握在船东手中，尤其是在作业期间，保险人没有任何措施能够了解渔船的有关信息，难以防止船东诈保、骗赔情况的发生。

（2）定损难。与在陆地的农业作业不同，渔船的作业区域主要在水面上，尤其是在可保渔船数中占比最高的海洋捕捞渔船更是如此。保险事故发生后，事故发生地远离陆地、事故现场难以保留等因素导致保险人不易查勘现场，难以准确定损理赔。

（3）管理成本高。由于我国渔船整体上呈现小、破、旧的特点，数量庞大的小型渔船和渔民分布范围广且分散，难以形成规模效益，保险人在管理和服务方面需要消耗较大成本。

（4）需要市场和政府相互配合。大船、钢船、新船风险小，有盈利空间，对商业保险具有吸引力，是商业保险争相抢夺的重点，能更好地发挥市场作用。而小船、木船、旧船风险大且盈利空间小，对商业渔船保险吸引力低，是政策性保险的支持重点，能更好地发挥政策资金的引导和扶持作用。

渔船保险分为全损险和一切险。全损险是指在保险期间内，由于下列原因直接造成保险渔船的全损，保险公司按照本保险的赔偿标准负责赔偿：洪水、海啸、雷击、风暴潮、台风、暴风；火灾、爆炸；碰撞、触碰；搁浅、触礁；上述一至四款灾害或事故导致的倾覆、沉没；船舶在航行中失踪6个月以上。一切险是指在保险

① 参考资料来源于联合国粮食及农业组织。

期间内，由于全损险列举的六项风险造成保险渔船的全损或部分损失以及引起的下列责任和施救费用，本保险负责赔偿：碰撞、触碰责任，保险渔船在航行或捕捞作业中直接碰撞其他船舶，按照法律、法规规定应当由被保险渔船承担的对第三者船舶碰撞造成的船体、机械设备、通信导航设备的损失及救助费用的赔偿责任。但保险人对每次碰撞、触碰责任仅负责被保险人应承担赔偿金额的3/4，最高赔偿额以不超过渔船的保险金额为限；被保险渔船发生保险责任范围内的事故时，被保险人为防止或减少损失而采取施救措施以及请求外力救助所支付的有效的、合理的施救费用。

保险金额按照每艘渔船的船质、船龄和功率估算其实际价值，在实际价值的60%～80%范围内确定保险金额。

保费等于保险费率乘以保险金额，保费的缴费方式一般为趸交，但符合一定条件时保险费率可享受一定的优惠。（表1-4）

表1-4　海南省渔船共保体渔船全损保险费率表[1]

功　　率	钢质或铁质渔船全损保险费率				木质或其他材质渔船全损保险费率			
	Y≤10	10<Y≤20	20<Y≤30	Y>30	Y≤5	5<Y≤10	10<Y≤15	Y>15
P≥735 kW	0.70	0.85	0.95	1.10	0.90	1.00	1.15	1.25
367.5 kW≤P<735 kW	1.00	1.10	1.25	1.40	1.20	1.35	1.45	1.60
147 kW≤P<367.5 kW	1.20	1.35	1.50	1.65	1.50	1.65	1.80	1.95
44.1 kW≤P<147 kW	1.45	1.60	1.75	1.90	1.90	2.10	2.25	2.40
P<44.1 kW	1.70	1.85	2.05	2.20	2.55	2.70	2.90	3.05

注：Y为船龄，单位为"年"。

◆ 拓展阅读 >>>

辽宁一渔船沉没，渔业互保189万元预赔款及时到位[2]

2020年9月18日凌晨，辽宁籍渔船"辽普渔25097"船在返回大连湾港途中与一不明船只发生碰撞，造成"辽普渔25097"船沉没，船上10人全部失联。事故发生后，中国渔业互保协会在其辽宁省办事处成立专项工作组，开展相关调查处理工作。

---

① 参考资料来源于中国渔业互保协会官网。
② 参考资料来源于中国渔业互保协会官网。

根据辽宁省农业农村厅《关于渔业领域实施安全生产责任险的通知》（辽农渔〔2019〕116号）"以先行赔付为原则，建立健全快速理赔机制"要求，并经协会同意，工作组对本案启动预赔机制。经现场办公、多部门协作，事发后仅用30个小时就将189万元预付赔款打入指定账户中。

1.3.2.3 渔民意外伤害保险

渔民意外伤害保险包括渔民人身意外伤害保险和雇主责任保险。渔民人身意外伤害保险是以被保险人的身体为保险标的，当被保险人在渔业作业中因意外事故致使身体蒙受伤害或死亡时，保险人按约定给付保险金。雇主责任保险是以雇主的赔偿责任为保险标的，补偿雇主对雇员在工作期间因意外事故或职业性疾病所需给付的赔偿。雇主责任保险和渔民人身意外伤害保险的保障对象都是渔民。但渔民人身意外伤害保险是在渔民因意外受到伤害时，保险人按照约定对渔民直接履行赔偿责任，而雇主责任保险只有当雇主履行完赔偿义务后，保险人才能按约定履行赔偿责任。

1.3.3 新兴险种

随着海洋产业的飞速发展，海洋保险新兴险种不断涌现，目前典型的新兴险种有海上石油勘探开发保险、海上平台公众责任保险、海洋生态损害责任保险、海洋建筑保险、游艇保险等。

在人类对能源需求不断增加的今天，开发利用海上石油成为获取能源的重要途径，但海上石油勘探开发是一种高投资、高风险的作业，需要相应险种为其稳健运营保驾护航。海上石油勘探开发保险是为海上石油勘探开发过程中所面临的各种风险提供保障的保险。海上石油勘探开发保险兼顾财产保险、人身保险、责任保险的三重属性，对石油勘探开发设备的财产损失、工作人员的人身伤害、第三者责任等提供保险保障。

海上石油勘探开发保险为作业全过程提供保障。在物探阶段的风险主要是来自探测船和漂浮电缆。上海海洋石油局的"发现"号物探船的电缆曾先后被水下渔网和其他船只的螺旋桨切断，两次事故造成了数十万美元的损失，中国人民保险集团股份有限公司根据约定对其进行赔偿。在钻探阶段，易受台风等海上灾害的影响，我国"勘探三号"平台曾连续两次遭台风侵袭，造成平台严重受损，中国平安保险（集团）股份有限公司按约定对其赔偿。在建设阶段，相关设备损失是主要保险责任，隶属于上海石油天然气总公司的东海平湖气田曾因输油管断裂获得2 400万美金的巨额赔付。在生产阶段，风险同样存在，巴西海上石油平台曾连续发生爆炸，致使每天可生产18万桶原油的平台葬身海底，所幸保险公司同样可对其进行补偿以弥补相应损失。

海洋生态损害责任保险是以被保险人因承保风险所引起的、依法应当承担的海洋生态环境损失责任为保险标的的保险。海洋生态损害责任保险通常是从事海上资源开发等具有海洋污染风险的企业所投保的，以便于分散自身的责任风险，同样也有利于海洋生态环境的恢复。目前我国的海洋生态损害责任保险险种主要包括船舶污染责任保险和非船舶污染责任保险两大类。"塔斯曼海"轮、"阿提哥"轮以及"蓬莱19-3"油田溢油事故背后均有巨额污染赔偿，海洋生态损害责任保险的逐步发展有效完善了海洋污染赔偿损失机制。

在我国水上运动迅猛发展，游艇事故层出不穷的背景下，游艇保险逐渐引发关注。游艇保险是以各类游艇因海上危险等意外事故造成的船舶损失及第三者责任为保险标的的保险。游艇通常价格高昂，一旦受损则维修费用不菲，游艇保险能有效弥补损失。与国外相比，目前我国游艇保险尚且处于初步发展阶段。从险种来看，目前的险种大多限于船舶险和财产险，缺乏第三者责任保险的探索与实施。同时，目前投保率、保费水平尚且较低，保障范围有待于进一步扩大。

随着人类对生态环境治理的逐步重视，特别是在我国实现碳达峰、碳中和目标的指引下，蓝碳保险逐步进入公众视野。蓝碳是海洋碳汇的简称，是指通过海洋生物的碳汇功能，实现温室气体的减排。蓝碳保险则是以海洋生物的固碳能力作为保险标的，能对海洋生物因海洋风险所造成的生态效益和经济价值损失进行经济补偿。2022年5月，全国首单蓝碳保险——海草床碳汇指数保险在山东威海落地，该保险以海水流速作为触发条件，当流速超过约定值时，保险公司按照约定赔付损失。[1]随后，蓝碳保险如雨后春笋般不断涌现，牡蛎养殖指数保险、政策性贝类海洋碳汇指数保险、红树林蓝碳生态保护保险等陆续推出。

◆ 拓展阅读 >>>

海南自贸港首单游艇第三责任保险落地[2]

2022年6月24日，中国人民财产保险股份有限公司海南省分公司下辖海口市分

---

① 参考资料来源于威海市海洋发展局官网。

② 参考资料来源于海南省人民政府官网。

公司承保的海南寰球拓海文化体育产业发展有限公司旗下游艇第三责任保险出单生效，保险期限一年，单名乘客获得保险保障50万元，单艘游艇获得保险保障600万元，实现了全省游艇三责险零的突破，同时为全省经营游艇租赁产业的企业提供保险服务，为海南游艇旅游经济发展提供坚定的保险保障支持。

———— · 本章小结 · ————

　　本章首先对海洋保险进行了整体介绍，以海洋风险为引入，介绍海洋保险的定义，以案例的形式对理论概念进行详细的解释。其次，对海洋保险的特征进行总结归纳，从现实出发，展现了海洋保险特征在海洋产业中的具体体现。最后，结合我国海洋保险发展现状介绍了各大险种。本章较为创新之处在于多以案例的形式对相关概念、理论进行阐述，使知识更具备现实性、生动性。同时，注重海洋保险发展的时效性，对近年来的新兴险种进行阐述，有利于读者学习行业发展前沿动态。

【知识进阶】

　　1. 试分析海洋风险的特征，并说明海洋风险与陆上风险存在哪些区别。

　　2. 试分析各类海洋风险的可保性。

　　3. 与其他传统财产保险相比，如何理解海洋保险的特征？

　　4. 试列举自己所熟知的海洋保险险种，并与同类产品进行比较，分析其优劣。

2　海洋保险起源与发展

知识导入：本章介绍了海洋保险的两种起源学说，分析了学说与现代保险的关系；同时，对意大利、英国两个现代海洋保险发源地的早期情况展开论述，介绍了海洋保险的早期发展历程。

2.1　海洋保险的起源

现代保险业起源于海上保险，而作为最古老的保险制度，学界对海上保险何时起源、如何起源的看法并不一致，主要观点可以分为共同海损起源说和船货抵押借款起源说。其中，共同海损是在脱离险境后，受益各方损失分担的一种制度。从本质上来看，共同海损强调的是分摊为了共同安全而作出的牺牲和支付的费用，其侧重点并非为海上运输的损失提供保障。而船货抵押借款起源说更加强调对损失的补偿，与现代保险业的核心思想相吻合，因此，将船货抵押借款作为海上保险起源的学说得到了更多学者的认可。

2.1.1　共同海损起源说

共同海损的故事最早可以追溯到公元前2000年左右。当时，地中海地区海上贸易已具备一定规模，但工业水平相对落后，船舶抵御海上风险的能力较差，海难常常导致船毁人亡的悲剧。为减少船舶因海难沉没的风险，当海难发生时，最为可行的办法便是抛弃部分货物来减少载重，使船舶尽快脱离险境。然而，没有货主愿意牺牲自己的货物而去保全他人的利益。为避免分歧而贻误时机，在航海实践中逐渐形成了由船长作出抛弃决策，灾后由受益各方共同分摊被抛弃货物损失的做法。

公元前916年，腓尼基人最早对共同海损作出了界定。《罗地安海商法》中写道："如因减轻船舶载重而将货物投弃入海造成的损失，须由全体受益者来分摊。"共同海损原则的实质是少数人的损失由多数人承担，这一原则体现了互助共济的思想，因此有学者认为共同海损原则是海上保险的萌芽。

2.1.2　船货抵押借款起源说

船货抵押借款，又被称为"海上冒险借贷"，按照抵押物的种类可以分为船舶抵押借款和货物抵押借款。船货抵押借款最早出现在公元前7世纪古希腊的海上活动中，船舶出海前需要准备资金，船长便以船舶或货物作为抵押进行借贷，并许诺较高的利息，通常利息水平为一般借贷利率的两倍以上。同时，双方约定，如果海上运输顺利完成，借款人在抵达目的地后，须将借款连本带息偿还给贷款人。但如果船舶因海难在途中沉没，则债务自动消失。船货抵押的做法随着航运业的发展逐步普及，后来在地中海沿岸等海上贸易发达地区盛行开来。

虽然船货抵押借款以获得资金为目的，但其中已包含了现代保险业的基本思想。在借贷活动中，如果货船发生沉没或灭失，贷款人将遭受损失，也就承担了船舶或货物损失的风险，充当了现代保险中保险人的角色；而借款人相当于被保险人，借款人所缴纳利息中高出一般借款利息的部分可以被看作保险费，船舶被认为是保险标的，如船舶因海难沉没则贷款人无法收回资金，被认为是保险人对保险事故进行了赔偿。但船货抵押借款也存在与现代保险的不同之处：船舶抵押借款是借款人先行得到借款，如安全抵达则偿还本息；而海上保险是在保险事故发生后保险人才对被保险人的损失进行赔偿，即货物抵押借款是海上保险的逆形态。

综观共同海损起源说与船货抵押借款说，本书认为船货抵押借款更充分体现了现代海洋保险的本质，在具体操作上也包括了海洋保险的基本要素，具备了现代海洋保险的雏形，是海洋保险的真正起源。

2.2 海洋保险的发展

2.2.1 意大利是现代海洋保险发展的起点

通常认为，意大利是现代海洋保险的发源地。早在11世纪后期，意大利以其军事实力开始影响东西方的贸易模式，十字军东征将意大利商人和高利贷者的贸易、汇兑票据和保险习惯带到侵略之处，东西方逐渐形成了较为一致的贸易习惯。在14世纪中期，意大利经济逐渐繁荣，伴随着经济的发展，海洋保险开始初具雏形。无偿借贷便是典型的海洋保险初级形态。无偿借贷的目的是避开罗马教皇格里哥利九世对冒险借贷的禁令，有效降低海上贸易的风险。无偿借贷的形态从最初的口头契约逐渐发展到书面合同。就这样，伦巴第、威尼斯、佛罗伦萨、热那亚和比萨等经济发达城市逐步成为14世纪的欧洲海上保险市场中心，无偿借贷的形式也逐步风靡欧洲各地。

今天，热那亚国立博物馆里静静摆放着世界上的第一张保险单，上面的字依稀可见，签发时间为1347年10月23日。这张保险单保障的是"圣·克勒拉"号商船，它从热那亚前往马乔卡，签发人为热那亚商人乔治·勒克维伦。这张保险单虽然不具有现代保险的基本形式，但其内容与现代海洋保险基本吻合。世界上第一家海上保险公司也同样诞生于热那亚，时间是1424年。世界上第一张保单、第一家保险公司的出现奠定了意大利作为海上保险发源地的重要地位。后来，随着伦巴第人移居英国、欧洲经济重心转移，意大利在海洋保险市场上的地位逐渐衰弱。

2.2.2　英国海洋保险业的兴起

2.2.2.1　英国《1906年海上保险法》

在15世纪及以前，意大利是欧洲海上贸易中心，而随着哥伦布发现新大陆、新航线的开辟，世界航运中心开始转移。16世纪，英国开始成为对外贸易中心，与之相对，世界海洋保险中心市场也转移至英国。英国皇室对海上保险立法规范成为英国海上保险发展的重要因素。1574年，伊丽莎白女王颁布了经营海上保险的法案，允许保险商会经营发展，并根据海上航运的现实情况制定标准保险单。海上保险的第一部成文法诞生于1601年，此法被称为《涉及商人使用保险单的立法》。《涉及商人使用保险单的立法》在相关条文中规定，保险商会可设仲裁庭，以仲裁的方式解决日益增多的保险纠纷。但此种方式在相当长的时间内具有较强的主观性，仲裁结果很大程度上取决于法官的主观意志，缺少明确的法律依据。在此背景下，海上保险的成文法呼之欲出。

1906年，英国制定了《海上保险法》，该法律是由Mackenizie Dalzell Chalmers爵士在1894年完成起草的，经上议院、众议院讨论通过，在1906年获英国女皇御批。《1906年海上保险法》是对19世纪发生在英国的数千个海上保险判例进行综合研究分析的基础上，参考了欧洲各国对海上保险的相关规定、商业习惯和法院判例，并结合国际惯例而制定的。此法典共有17个部分，共计94条，将海上保险的界定、可保利益、告知原则、保险费、再保险等海上保险基本要素做了具体说明。《1906年海上保险法》一度成为世界各国制定海上保险法的范本，印度、澳大利亚等国家甚至将本法不加改变或以类似的方式列于本国法律之中。

2.2.2.2　劳合社成为海洋保险业发展的"旗舰"

劳合社，又称劳埃德社。目前的劳合社是英国最大的海上保险市场，也是世界上唯一允许个体保险人经营保险业务的保险市场。劳合社本身并不接受保险业务，而是由会员以自己的名义来办理业务。其实，它类似于证券交易所，为会员开展保险业务提供交易场所，而不是普通意义上的保险公司。目前的劳合社在世界各地拥有200多个办事处，占据世界保险市场的重要一席。

劳合社诞生于英国伦敦泰晤士河畔的一家咖啡馆。这家咖啡馆是由爱德华·劳埃德在1688年开办的，它临近海关、海军部和海务局，船长、船员、水手、商人等络绎不绝。在喝咖啡之余，人们也会在此交流航运、贸易的相关信息，海上航运一直以来是店里的热点话题。不经意间，爱德华·劳埃德的咖啡店成为海上运输从业人员经常聚会并交换信息的地方，保险商人也逐渐在此开展保险业务。1691年，爱德华·劳埃德的咖啡馆搬迁，新地址临近英国皇家交易所。咖啡馆的搬迁并没有造成客源的减少，反而以其更加优越的地理位置吸引了更多的保险经营者，使其成为保险业名副其实的"非正式"办公地点。在网络技术尚未到来的17世纪，信息是一种重要资源，精明的爱德华·劳埃德先生注意到客人们十分关注航运信息、商界动态等，便抓住这个特点大做文章。爱德华·劳埃德开始让服务生记录最新的航运资讯，并对信息进行整理归纳，并以公告板、宣读的形式，向客人传递航运资讯。为扩大信息传播面，1696年爱德华·劳埃德开始出版《劳埃德航运新闻》报纸，每周三刊。该报纸收录了近期有关船舶、货物等与海上航运和海上保险交易相关的消息，报纸一经发行，就被抢购一空，许多商人为阅读报纸专门前往咖啡馆，咖啡馆逐渐成为航运消息的传播中心。在爱德华·劳埃德去世后，他的女婿威廉·牛顿延续了咖啡馆的发展模式。大约在1734年，威廉·牛顿对《劳埃德航运新闻》进行整理升级，出版了《劳合社日报》，至今该报仍在伦敦出版，是英国历史最悠久的报纸之一。1769年，咖啡馆服务生托马斯·菲尔丁在众多忠实客人的支持下另立门户，开设了新的咖啡馆，依然取名为劳埃德咖啡馆。随着信息优势在咖啡馆的充分显现，狭小的场馆逐渐不能满足保险业务开展的需要。1771年，由79名商人、保险人和经纪人组成的团体决定另寻新址建馆，他们每人出资100英镑，租赁了英国皇家交易所的房屋，在劳埃德咖啡馆原业务的基础上成立了劳合社。英国议会于1871年通过法案正式批准劳合社成为保险社团组织，劳合社由此取得了法人资格，但规定其只能经营海上保险业务。直至1911年，劳合社的经营范围才得以扩大，允许劳合社会员经营包括水险在内的一切保险业务。

劳合社的经营目的与劳埃德咖啡馆不同，劳埃德咖啡馆是以咖啡盈利为目的，充当信息中枢的功能是其为提高业务量而进行的附加服务，而劳合社是对保险市场提供管理与服务。劳合社制定了严格的内部管理制度、统一的保险单格式规范，保证了保险业务的高效、有序开展。劳合社的保险业务主要靠五个部分即承保会员、承保代理人、经纪人、保险客户和劳合社公司共同运转。会员将股本上交，按承保险种组成不同规模的组合，被称为"承保辛迪加"，每人在辛迪加中只为自己承担的份额负无限责任，彼此之间不负连带的责任。承保代理人，又被称为"积极承保人"，负责管理辛迪加事务，并代表会员办理保险业务，但其不与保险客户直接对接，只接受经纪人提供的业务。这种制度类似于目前的股票交易市场，普通保险客户无法进入劳合社大厅办理业务，只能委托经纪人代为投保，同时，经纪人负责为客户提供咨询服务。经纪人作为保险业务"中介"，其资质认证是相当严格的。在1994年之前，经纪人均为自然人，只有资金实力雄厚、信誉声望卓越的人士才能成为劳合社会员。劳合社并不对会员经营的业务承担责任，一旦会员无法履行其责任的情况发生，该会员的资产将作为担保。

如客户需开展保险业务，须首先将标明被保险人姓名、保险金额、保险期限、保险险种等相关信息的承保条交予经纪人，之后再由经纪人将其转交至某个承保辛迪加，由该辛迪加的首席承保人确定费率，并确定自己的承保比例。之后，由经纪人寻找同一辛迪加里的其他承保人进行继续承保。如果同一辛迪加里的全部承保人未对某一保险完成承保，经纪人还可联系辛迪加进行承保，直到全部保额被认足为止。最后，劳合社对承保条进行查验核对，将承保条更换为正式保险单，并盖章签发，至此便完成了保险承保的全部流程。

迄今为止，劳合社已走过了300多年的历程。劳合社的不断发展，催生了世界上第一张盗窃保险单，第一张汽车、飞机保险单，劳合社的每一次改革发展均有效地助推了现代保险业态的形成。

—— · **本章小结** · ——

本章首先对海洋保险的起源进行探究，对学界的不同观点进行总结归纳，提出本书对海洋保险起源的看法。其次，对早期海洋保险的发展情况进行总结，介绍作为海洋保险策源地的意大利、英国早期的海洋保险发展情况。

【**知识进阶**】

1. 试谈一谈对两种海洋保险起源学说的理解。

2. 试分析劳合社为什么能够成为早期海洋保险业发展的"旗舰"。

3. 试分析在现代保险市场下，劳合社具有哪些制度优势？

3　中国海洋保险的发展历程

> 知识导入：从我国发展海运事业与海上贸易的地理优势出发，介绍历史上我国在造船事业、海上交往、航海知识与技术方面发展的新高度。频繁的海上贸易往来给中华大地的保险市场发展带来新的机遇，我国水险企业开始在摸索中前进。本部分结合新中国成立后我国保险业经历的发展、停滞、恢复的阶段历程，介绍中国海上保险市场的建立、险种情况、颁布实施的相关法律法规，详细展示我国从纯商业性的渔业保险模式到渔业互助保险探索再到开展政策性渔业保险工作的发展历程。

3.1　中国海洋保险的诞生

3.1.1　古代海运事业发展历程

生命起源于海洋，人类的生存与发展依赖海洋。航海是人类认识世界，进行政治、经济、文化交流沟通的重要前提。我国地理位置优越，海岸线曲折绵长，良好的地理位置与自然条件为我国航运事业的发展奠定了坚实基础。我国航运事业历史悠久（图3-1），早在夏商周时期就开始制作木帆船进行大规模的海上运输。秦汉时期，船舶制造技术的成熟以及人们对天文认知的深入，开启了中国古代远洋探索之路。三国、两晋、南北朝时期，我国依靠发达的航海技术与多个国家建立了密切关系。隋唐时期，"海上丝绸之路"繁荣发展，航运事业达到新高度。宋元时期，远洋航运到达了南洋、北印度洋、地中海等区域，古代中国也与多个国家和地区建立了航海贸易关系。明清时期，受当时政策与国情的影响，我国航运业发展受到种种约束与限制。直到19世纪后，航运事业开始慢慢恢复。

图3-1 古代航运事业发展历程

3.1.2 中国水险萌芽

康熙年间，粤海关官府在广州西南角靠近珠江的码头聚集了十三行，这些洋行专门与洋船上的外商进行生意往来并代征缴海关关税，其中多家洋行也开始创办在华外商保险公司，为远洋贸易提供保险服务，大部分保险公司从代理经营水险业务起家，逐步占领了我国保险市场。而后，为打破外商市场垄断并维护国家利益，中国人自己建立的水险企业应运而生，为海运事业的发展保驾护航。

1805年，第一家主要经营水险业务的在华外资保险公司——"谏当保安行"在广州创立，由当时参与创办的两家洋行——颠地洋行（宝顺洋行的前身）和马尼亚克洋行（怡和洋行的前身）轮流经营，这也是我国近代保险业的起点。1835年，竞争关系使两大洋行分道扬镳，怡和洋行接手谏当保安行并改组为谏当保险公司，宝顺洋行则成立了第二家外资保险公司——于仁洋面保安行（友宁保险行）。在之后27年的时间里，这两家保险公司以洋行内设机构的形式开展保险业务。1862年，美商旗昌洋行在上海创办了中国第三家保险公司扬子保险公司。此后10余年间，陆续有15家在华外商保险公司成立。至1875年，中国保险市场上已经有18家在华外商保险公司。

19世纪中后期，为打破外商对我国轮船运输及远洋航线的垄断，我国于1872年创办了轮船招商局，并向外商购置了多艘船舶承接海运业务。但当时我国的保险市场基本已被外商垄断，为打压我国航运事业的发展，外资保险公司对承保轮船提出了各种苛刻的承保要求，并征收高额的保费，在此情形下招商局萌生了开办自己的保险公司的想法。1875年，招商局的"福星"号轮船在黑水洋水域与英国商船"澳顺"号相撞，这场海难导致"福星"轮沉没，共63名船员丧生，船上的货物全部损毁。海难发生后，由于英国领事包庇且肇事船主逃逸，追回的赔偿金额远不及损失金额，其余巨额赔偿部分只能由招商局自己承担，这给招商局带来了巨大的经济打击。"福星"号事件让招商局的管理者意识到，招商局的轮船需由我国保险公司承保才能以合理的保费获得充分可靠的保险保障，创办我国自己的保险公司已经迫在眉睫。

1875年，轮船招商局招股集资在上海开设了一个附属保险机构，即"保险招商局"，专门承保招商局的轮船、货栈及货物运输保险。保险招商局是真正意义上的中国第一家民族保险公司，它的成立打开了中国自主开展船舶保险业务的大门。为增强承保能力、提高资金实力，轮船招商局于1876年开办了"仁和水险公司"。仁和水险公司在试办的一年期间，市场拓展迅速，也获取了可观的收益。由于单一的水险业务有很大的局限性，为扩大保险业务范围，保险招商局于1878年扩建并改称"济和船栈保险局"，后经过二次招股后更名为"济和水火险公司"。随着仁和水险公司、济和水火险公司两家保险公司的规模逐渐扩大，管理问题也逐渐暴露出来，再加之"倒账风暴"中股票暴跌、"售产换旗风波"后经营困难，两家公司最终于1886年合并为"仁济和水火保险公司"。从创办保险招商局、仁和水险公司、济和水火险公司，到合并为仁济和水火保险公司，中国的水险企业在萌芽中不断发展壮大，打破了列强对我国航运业和保险业的垄断，开创了中国自主开办保险公司的先河，中国保险业从此告别了零的历史。

3.2 新中国成立后海洋保险的发展

3.2.1 海上保险的恢复

1949年中华人民共和国成立后，我国在既定方针政策的指导下，对市场上的保险公司进行清理整顿。首先，接管官僚资本的保险公司，制定新的保险规章制度，取消外资保险公司的特权。其次，改造私营保险公司。经过两个月的商议与筹备，中国人民保险公司（以下简称人保）于1949年10月20日成立，新中国保险业从此开启了崭新的篇章。人保在承保国内财产保险、人身保险等业务的基础上，根据国家对外经济贸易发展的需要，陆续开展了进出口货物运输保险、远洋船舶保险等业务，同时与国外保险公司建立了分保与代理的合作关系。1958年，国内的保险业务被要求立即停办。几年后，国外保险业务也处于"危险"境地，海上保险只剩进出口货物运输保险与船舶保险。1969年，交通部的远洋船舶保险遭遇停办，海外业务受到了严重影响。

党的十一届三中全会让中国保险业焕发出新的生机与活力，1980年，国内保险业务与保险机构全面恢复。各省份、自治区、直辖市成立人保分公司。1987年，交通银行设"保险部"恢复经营保险业务，并在此基础上于1991年成立中国太平洋保险公司。1988年，深圳平安保险公司由招商局和工商银行深圳分行在深圳合资成立，1992年更名为中国平安保险公司。1994年至1995年，天安保险股份有限公司和大众保险股份有限公司成立。1996年，新华人寿保险股份有限公司、泰康人寿保险股份有限公司、华泰财产保险股份有限公司、永安保险公司和华安财产保险股份有限公司相继成立。20世纪后，中国保险市场进一步扩大，保险机构也随之多样起来。伴随着保险业的飞速发展，保险公司海上业务的种类日益丰富，海洋保险险种也不断创新，海上石油开发保险、船舶建造保险等险种的出现使得海洋保险保障体系更加完善。

保险业恢复后，我国相继颁布一系列相关法律法规以促进保险业健康有序发展。1983年9月，国务院颁布了第一部财产保险合同方面的法规《中华人民共和国财产保险合同条例》。1995年10月，《中华人民共和国保险法》颁布，提出财产保险与人身保险分业经营。1992年11月，《中华人民共和国海商法》出台。1998年11月，中国保险监督委员会成立，负责规范监督保险市场发展。保险经营监管法律法规的逐步健全，职能管理机构的建立，为新中国保险业的复兴奠定了坚实的基础和保障。

3.2.2 商业性渔业保险的兴起

20世纪80年代，我国开始探索发展渔业保险。1982年，中国人民保险公司率先开办水产养殖保险，独家经营渔业保险业务。1983年，《关于开展国内渔船保险工作的通知》和《国内渔船保险条款》两个文件的下发，为渔业保险的发展提供了政策上的引导与支持。在中国人民保险公司主营的基础上，多家商业保险公司也开始开展渔业保险业务，渔船保险和渔业捕捞保险逐步推广。但由于渔业保险赔付率较高、经营利润有限，商业性保险公司开始主动退出渔业保险市场。

3.2.3 渔业互助保险的探索

　　1994年7月农业部主管、民政部批准成立了中国渔船船东互保协会，并于2007年更名为"中国渔业互保协会"。中国渔业互助保险协会秉承"全国一盘棋"的发展理念，逐步实现"国家协会+地方协会"的二级法人架构。同时，随着协会体制脱钩改革，中国渔业互保协会牵头，联合地方协会共同打造了渔业互助保险社，建立起强大的一体化渔业互助保险产业组织体制，共同面向全国渔业互助保险市场。互助保险模式的建立为渔业保险提供了新的发展思路，通过会员之间的互助救济，政府、协会、会员三方的有效协作，维护渔民的合法权益。

　　中国渔业互保协会成立后，随即在各省（区、市）建立了办事处，在全国范围内探索渔业互助保险的发展，并陆续在主要沿海省（区、市）成立了地方性渔业互保协会，主要负责开展本地区渔业互助保险的业务（图3-2）。

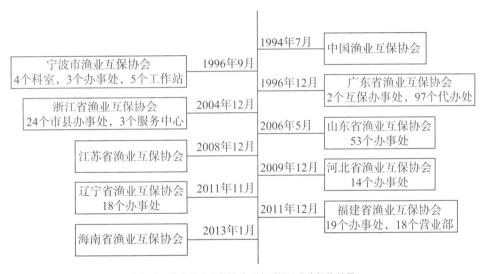

图3-2　地方渔业互保协会成立时间及分支机构数量

3.3　21世纪海洋保险的探索

3.3.1　政策性渔业保险的发展

　　2008年农业部发布了《关于下达2008年渔业互助保险中央财政保费补贴试点项目资金的通知》，在全国选取7个重点渔区（山东、浙江、广东、江苏、海南、辽宁、福建）作为政策性渔业互助保险的试点区域，实施渔业保险补贴政策。目前，我国渔业保险补贴在全国范围内的普及程度迅速扩大，最高补贴强度达到60%。例如，海南省对渔民海上人身意外险和渔船险的补贴达到60%，其中省级政府补贴

50%，市、县政府补贴10%。与此同时，从2009年开始，更多的法律文件和政策出台，明确了政府在渔业保险补贴中的作用，并在2013年达到顶峰。沿海省份对渔业保险的支持力度大于内陆省份，其中江苏、福建和广东对渔业保险的支持力度最大。渔业保险补贴的经营主体由中央、省级财政机构逐步转变为省、市、县三级财政机构。

3.3.2 专业海洋保险公司的涌现

在我国相关政策的支持引导下，经过探索与尝试，我国渔业保险呈现出良好的发展态势，主营海上保险业务的专业保险公司也开始涌现。2014年12月，华海财产保险股份有限公司在山东烟台成立，以海洋保险与互联网保险为特色，主要股东是沿海地区和海洋领域实力雄厚的企业集团，经营的财产保险险种包括机动车保险、企业/家庭财产保险、责任保险、船舶/货运保险等。2015年12月，东海航运保险股份有限公司在浙江宁波由中国人民财产保险股份有限公司和当地港口公司及开发投资公司共同组建，这是我国第一家航运保险法人机构。公司以航运服务为定位导向，主要经营险种包括船舶保险、船舶建造保险、航运货物保险、航运责任保险等。2017年2月，中远海运财产保险自保有限公司由中国远洋海运集团有限公司在上海成立，这是当时我国唯一的航运自保公司。公司围绕"航运强国"战略，积极开展高质量的航运保险业务，为航运事业提供全面可靠的风险保障，主要经营险种包括船舶险（远洋船舶保险、沿海内河船舶保险、船舶污染责任险、船舶建造险等）、货运险、意外险、责任险等。

———— • 本章小结 • ————

本章首先按照时间线梳理了从古代发达的航海事业到我国水险企业萌芽的发展历程，结合历史与时代背景进行了分析。其次，阐述了新中国成立以来保险事业在发展、停滞、恢复后，我国渔业保险经历从商业性渔业保险到渔业互助保险发展模式的转变与摸索。最后，介绍了我国进入21世纪后，政策性渔业保险的发展及以海洋保险为特色的专业保险公司的经营情况。本章创新之处在于结合历史背景，生动、详细地介绍了海上保险的诞生与发展之路，内容较为丰富全面。同时，考虑现实因素，结合相关政策、各地补贴情况以及保险公司的经营情况，说明了海洋保险的发展趋势与模式转变。

【知识进阶】

1. 结合我国历史背景，试说明我国水险企业是怎样诞生的？主要经营业务包括哪些？

2. 简述新中国成立后，在政策的支持下我国海洋保险的发展趋势。

3. 我国渔业保险经历了从商业性渔业保险到渔业互助保险、政策性保险的模式转变，试比较各种模式产生的背景与优势。

4 海洋再保险

知识导入：再保险作为保险的保险，在分散风险、稳定经营方面发挥着不可忽视的作用。本章对再保险的内涵、产生发展历程及海洋再保险的主要险种进行了详细介绍，梳理了我国支持再保险业务发展的政策体系，在此基础上，分析了其他国家再保险的发展模式和开展情况，与我国进行了比较并总结了经验。

4.1 再保险概述

4.1.1 再保险内涵

再保险是基于原保险人经营中分散风险的需要而产生的，是有效进行风险管理的重要工具，能够提高保险公司的承保能力并提高经营的稳定性。再保险也称分保，是保险人在原保险合同的基础上，通过签订分保合同，将其所承保的部分风险和责任交由其他保险人进行保险的行为。

《中华人民共和国保险法》第二十八条指出："保险人将其承担的保险业务，以分保形式部分转移给其他保险人的，为再保险。"在再保险交易中，分出业务的公司称为原保险人，或分出公司；接受业务的公司称为再保险人，或分保接收人、分入公司。再保险主要有两种分类方式，按照责任限制分类，可分为比例再保险和非比例再保险。比例再保险又可分为成数再保险、溢额再保险以及成数和溢额混合再保险；非比例再保险可分为超额赔款再保险和超过赔付率再保险。按照分保安排方式分类，再保险可分为临时再保险、合同再保险和预约再保险。

原保险是再保险的基础，再保险是原保险的延续。原保险与再保险相辅相成，都是保险业务的重要组成部分。在经营中，保险公司可以通过再保险对自身经营风险进行有效分散，从而提高承保能力、稳定经营成果、提高经济效益。

4.1.2 海洋再保险的产生与发展

再保险最早在欧洲海上贸易发展时期产生，源于海上保险。有关记载显示，1370年，一位意大利海上保险人将自己承保的业务中风险较大的一段航程保险责任转让给其他保险人，这可以说是再保险的雏形。自此直至1688年劳合社建立，只有海上保险通过再保险的方式开展业务。

再保险业务的发展历程可以分为四个阶段。第一阶段是萌芽阶段，由于十七八世纪商品经济和世界贸易快速发展，信用保险、火灾保险等险种如雨后春笋般涌现，为再保险市场的发展创造了条件。第二阶段是快速发展阶段，自19世纪中叶起，德国、英国和瑞士等发达国家相继成立了再保险公司，再保险的业务从单一的海上保险逐渐扩展为包括责任、火险和建筑工程险等多种险种在内的庞大体系，国际再保险市场初步形成。第三阶段是全面发展阶段，第二次世界大战之后，发展中国家在政治上取得独立，也开始注重支持民族经济独立，积极推行保险民族化政策，如建立国有再保险公司和地区性再保险集团以严格控制向外分出再保险业务。第四阶段是成熟发展阶段，随着国际再保险市场的发展，保险基金和技术力量高度集中，形成良性循环，进一步促进了分保技术和经营管理能力的发展。目前，主要再保险市场主要包括伦敦、欧洲大陆、纽约和东京四大市场。

我国的再保险业务起步较晚，从1929年四行联合总经理处的建立起开始萌芽，但是受到民族资本主义和官僚资本的影响，中国的再保险市场一直受到外资控制。1949年10月，中国人民保险公司成立，下设海外业务室经营国际保险和再保险业务，随即同英国以及包括苏联在内的部分社会主义国家建立业务关系。1978年，改革开放的春风真正使再保险业活跃起来，越来越多的国际再保险公司被吸引到中国市场，130多家再保险公司通过各种渠道直接参与了中国市场，形成了多家中资和几百家在岸及离岸外资再保险机构共存的格局。

再保险依托海上保险而产生，海洋再保险也在市场的推动下不断取得新成就。众所周知，海洋保险承保触礁、倾覆和海上劫掠等多种风险，巨大的风险使承保人不得不寻求再保险以对冲急剧、大型风险。近年来，在海洋事业和再保险业务双轨并行的发展背景下，国家不断为海洋保险提供政策支持，海洋再保险体系不断完善。

4.1.3 海洋再保险主要险种

海洋再保险依托于海洋保险，是指经营海洋保险的直接保险人将自身责任和风险部分或全部转移给再保险人。由于海上运输与贸易以及渔业生产面临的风险高且具有较大的不确定性，对于保险公司来说，再保险风险分散与稳定经营的功能更为显著。因此，本节主要介绍船舶再保险、货运再保险、渔业再保险以及海洋石油开发保险的再保险。

货运险由于在承保时对每一危险单位所承担的责任难以准确把握，承保标的具有流动性，并且面临全损的可能性大，因此会对不同种类的业务安排差异化分保方案。对于承保的中小业务，货运险的分保一般采用成数再保险的分保方式；对于较大业务，采用溢额分保的分保方式；当承保的业务量超过合同限额时，可采用预约分保或临时分保的分保方式。

船舶再保险的分保安排与货运险基本类似，都是以成数分保方式作为基础，溢额分保应用于承保标较大的业务。不过，在自留额的确定上，通常是以每一船只作为风险单位，但根据舰艇的种类、船龄、毛吨和等级等有所区别，或者只按照舰艇的分类规定单一的自留额，会根据船龄等其他因素在费率上有所调整。渔业再保险在互助保险的基础上开展业务，能够有效分散渔业生产面临的巨灾风险，确保政策性保险的实施效果，完善风险分散机制，保障渔民生产。海洋石油开发保险是为海洋石油工业整个开发过程中所面临的各类风险提供保障的保险。海洋石油开发保险的主要险种包括钻井平台保险、海洋石油开发管道保险、海洋石油开发责任保险、海洋石油开发工程建造险、海洋石油开发费用保险等。

4.2　中国海洋再保险发展情况

4.2.1　政策支持

2005年，中国保险监督管理委员会发布《再保险业务管理规定》，这是我国首个再保险行业规则制度，也是首个农业再保险业务管理制度。自此，关于保险业改革发展与社会主义新农村建设等相关文件明确指出，探索建立中央、地方财政支持的农业再保险体系。而后《国务院关于落实〈政府工作报告〉重点工作部门分工意见》《全国现代农村发展规划》《国民经济和社会发展第十三个五年规划纲要》等文件也相继指出，要健全农业再保险体系，加快发展再保险市场。同时，自2007年中央一号文件提出"完善农业巨灾风险转移分摊机制，探索建立中央、地方财政支持的农业再保险体系"以来，中央一号文件连续多年关注农业再保险体系的建设。再保险业务也在政策的支持下得以顺利开展，2023年中国银行保险监督管理委员会（以下简称中国银保监会）同意渔业互助保险社以及辽宁、大连、广西、海南4家省级分社开业，核准开展渔业行业内的财产损失保险、责任保险、意外伤害保险业务的再保险业务。

以下是再保险相关政策内容节选。[①]

---

① 参考资料来源于中央人民政府门户网站、中国银行保险监督管理委员会官网。

（1）2005年，中国保险监督管理委员会主席办公会审议通过的《再保险业务管理规定》提出，加强对再保险业务的管理，分散保险经营风险，实现保险业健康协调可持续发展。

（2）2006年，《国务院关于保险业改革发展的若干意见》（国发〔2006〕23号）提出，完善多层次的农业巨灾风险转移分担机制，探索建立中央、地方财政支持的农业再保险体系。

（3）2011年，国务院发布的《国务院关于落实〈政府工作报告〉重点工作部门分工的意见》（国发〔2011〕7号）提出，健全政策性农业保险制度，建立农业再保险和巨灾风险分散机制。

（4）2012年，国务院发布的《全国现代农业发展规划（2011—2015年）》提出，加快发展农业保险，完善农业保险保费补贴政策。健全农业再保险体系，探索完善财政支持下的农业大灾风险分散机制。

（5）2016年，第十二届全国人民代表大会第四次会议通过的《中华人民共和国国民经济和社会发展第十三个五年规划纲要》提出，加快发展保险再保险市场，探索建立保险资产交易机制。

（6）2017年，国家发展改革委《关于2017年深化经济体制改革重点工作的意见》提出，加强农业保险制度建设，在部分地区对适度规模经营农户实施大灾保险，提高保险覆盖面和理赔标准，完善农业再保险体系。

（7）2017年，国务院发布的《国务院关于落实〈政府工作报告〉重点工作部门分工的意见》（国发〔2017〕22号）提出，今年（2017年）在13个粮食主产省选择部分县市，对适度规模经营农户实施大灾保险，调整部分财政救灾资金予以支持，提高保险覆盖面和理赔标准，完善农业再保险体系，以持续稳健的农业保险助力现代农业发展。

（8）2021年，国务院发布的《"十四五"推进农业农村现代化规划》提出，实施优势特色农产品保险奖补政策，鼓励各地因地制宜发展优势特色农产品保险。稳妥有序推进农产品收入保险，健全农业再保险制度。

（9）2023年，中国银保监会发布《关于中国渔业互助保险社开业的批复》（银保监复〔2023〕55号）显示，同意渔业互助保险社以及辽宁、大连、广西、海南4家省级分社开业。核准中国渔业互助保险社业务范围如下：渔业行业内的财产损失保险、责任保险、意外伤害保险；上述业务的再保险业务；保险资金运用业务；经中国银保监会批准的与保险有关的其他业务。

4.2.2 再保险实践

再保险政策是保险机构增强承保能力、控制风险责任、持续稳定经营的重要保障，对于提升保险业的风险管理水平、维持行业市场秩序具有独特而重要的作用。随着一系列再保险政策的出台，海洋再保险在政策的支持引导下，积极尝试，逐渐迈出探索脚步。各省（区、市）切实推进政策落地实践，实现了险种更加丰富、保障更加全面的目标。

◆ 拓展阅读 >>>

江苏省签署渔业互助保险巨灾超赔再保险合作协议①

2014年，江苏省签署了渔业互助保险巨灾超赔再保险合作协议。在政府的引导与支持下，渔业互助保险年度保费"打包"再保险，有效地进行了风险分散，同时对于开展再保险合作、推动政策性保险的实施以及促进大灾风险机制的完善具有重要意义。2017年，江苏省再次签署该合作协议，通过多方再保险合作，为渔民生产提供安全可靠保障，推动了江苏省渔业互助保险事业的发展。

浙江宁波渔业互保签订重大伤残再保险②

在2014年11月颁布《宁波市渔业互助保险管理办法》的基础上，2015年12月18日，宁波市渔业互保协会与中国太平洋保险股份有限公司慈溪中心支公司签署了《渔民雇主责任互助保险重大伤残再保险合同》，其中再保险费用不向渔民额外收取，而是来源于渔民自交保费的结余资金。这在一定程度上减轻了渔民的保费负担，同时为渔民提供了更高程度的风险保障。渔民遇到重大伤残事故，在互助保险医疗伤残赔偿额的基础上，最高可获得40万元的再保险赔偿。合同生效后，最高可为渔民雇主责任重大伤残提供110万元的风险保障，将能够满足全市90%以上的互保渔民伤残事故赔偿能力。

4.3 国外海洋再保险经验借鉴

4.3.1 韩国渔业再保险与灾害再保险基金

海洋渔业等高风险、高投入行业需要完善的再保险机制，以分散巨灾风险。韩

---

① 参考资料来源于中国渔业互保协会官网。
② 参考资料来源于中国渔业互保协会官网。

国目前已建立起特色化的以政府为主导的渔业再保险制度。韩国渔业再保险业务主要由政府部门提供，政府部门依据《养殖水产品灾害保险法》建立了养殖水产品灾害保险基金，充当起最后保险人的角色。

韩国的《养殖水产品灾害保险法》对渔业再保险模式的相关制度安排进行了明确规定，规定韩国农林水产食品部需要与水产协会建立再保险关系，并由农林水产部建立并管理养殖水产品灾害保险基金。当发生巨灾事件使得保险公司损失赔付率超过140%时，养殖水产品灾害保险基金为其承担超额损失。

养殖水产品灾害保险基金除用于再保险赔偿外，还需对改进再保险计划所需的费用、基金管理费用等进行支付，资金空闲时可购买国债、公债等金融产品。该基金的主要来源包括再保险费收入、政府及社会各界捐助、基金运作受益、再保险的摊回赔款、向政府部门借款等。为加强对基金运营的监督，基金运营管理人员由农业、粮食和农村事务部门以及海洋和渔业部门共同任命，进而相互监督，自2008年7月1日起，基金受托管理人为韩国"农业政策资金管理团"。

4.3.2 日本船舶再保险

与传统的财产保险、车险不同，船舶保险的保单数量相对较少，缺乏基于大数法则的规律性，且单个保单价值较高，风险也较高，由此发展船舶再保险便显得尤为重要。日本船舶再保险发展相对较快，以2013年数据为例，日本航运保险（包含船舶保险和海上货物运输保险）有41.3%的保费收入予以分出，其中船舶保险的分出比例高达64.6%，且日本船舶保险国际化程度高，有相当大的比例分出至海外的保险公司。与之相对，内陆运输保险业务分出比例仅有11.2%，充分体现了日本船舶保险对再保险业务的依赖程度较高。

日本保险业立法源自明治维新时期所引进的西方文明，保险的法律色彩最早可以追溯到1890年的《日本商法典》。随着保险业的不断发展，法律不断适应保险行业的新形势，多次进行修订，1996年新修订的《日本保险法》使得船舶再保险业迈入了发展的新境界。新的保险法解除了由船舶保险联盟主导的费率协商机制，启用了保险经纪人制度，同时打开了船舶保险的国门，允许外国保险公司承保本国船舶，承认了劳合社的特殊法人地位，并允许其在国内开展业务。由此引发了日本船舶保险市场的巨大变化，船舶保险承保市场化特征加强，国外保险机构的加入给国内市场造成较大压力，市场竞争明显加剧，民族保险公司盈利能力下降。为提高本土船舶保险承保机构的市场竞争力，结合船舶保险的自身特征，1998年船舶保险再保险基金池孕育而生，该基金池由本土32家大型财险公司共同出资设立，经日本大藏省（原保险监管主体）大臣的审批正式启动。随着业务的深入发展，船舶保险再保险基金池成为日本船舶保险再保险保障程度高的重要法宝。

船舶保险再保险基金池规定具有船舶保险承保资格的内外资财险公司均可自由加入与退出。财险公司加入该基金池后，需根据约定的比例将承保的船舶保险的保险费纳入基金池中，同时根据各会员公司的承保能力与资金份额进行分保，由此便形成了风险共担的集合。在基金池的内部管理方面，会员公司组成基金池委员会对重要事务进行决策，由东亚再保险公司作为事务局负责具体运营，同时建立了严密的制度体系，对再保险条款和费率等进行通过设定。该基金池以分散承保风险为目的，不追求盈利，为日本船舶保险提供了强有力的再保险保障。

——— · 本章小结 · ———

本章首先从再保险的内涵与发展历程出发，对再保险基本内容进行了阐述，介绍了海洋再保险在发展中形成的主要险种。其次，按照时间线梳理了我国支持再保险发展的政策体系，简单介绍了海洋再保险的实践应用情况。最后，介绍了韩国、日本两个国家再保险的发展模式，并进行了分析比较。

【知识进阶】

1. 试思考原保险与再保险的关系，分析再保险与共同保险的异同。

2. 我国出台了一系列政策支持再保险的发展，梳理分析我国再保险发展政策侧重点的转变。

3. 由于渔业风险的强相关性或系统性，渔业再保险一直被视为渔业保险制度的重要一环。中国农业再保险股份有限公司成立后为渔业再保险的发展带来了哪些制度突破与发展动力？

实务篇

5 中国海洋保险政策体系

知识导入：党的二十大报告对发展海洋经济与防范化解风险工作作出重要指示，在我国加快建设海洋强国的背景下，分散涉海产业风险、促进海洋经济稳定发展显得尤为重要。党的二十大报告赋予了海洋保险时代使命，也为其发展注入了新的动力。本章从国家层面和地方省份层面梳理了海洋保险的政策体系，结合各类政策的主要关注点，阐述了在海洋保险发展过程中支持政策侧重点的转变。在中央一号文件鼓励地区开展保费补贴试点政策的指导下，渔业保险政策补贴试点工作也在2008年正式拉开帷幕。本章以最早开展保费补贴的七个省份为例，梳理了各省份出台的相关政策，并从政策性保费补贴、创新险种探索、合作模式建设以及风险分散机制完善方面进行了分析。

5.1 国家层面海洋保险的相关政策

5.1.1 党的二十大精神赋予海洋保险的时代使命

党的十八大以来，习近平总书记高度重视海洋强国建设，围绕海洋事业发展多次发表重要讲话、作出重要指示，明确指出"建设海洋强国是中国特色社会主义事业的重要组成部分""建设海洋强国是实现中华民族伟大复兴的重大战略任务"。我国海洋经济在建设海洋强国思想的引领下，呈现出稳中向好的发展态势，海洋产业体系不断完善，传统产业改造升级，新兴产业飞速崛起，海洋经济综合实力不断增强。

党的二十大报告对发展海洋事业作出重要指示，报告提出"发展海洋经济，保护海洋生态环境，加快建设海洋强国"。这一重要指示为海洋经济发展提供了根本遵循，赋予了强大动力，将稳步推进海洋经济迈向深蓝。同时，报告也重点关注风险的防范与化解工作，各领域要提高风险防控的意识和能力。保险是风险分散、损失补偿的重要市场化路径，在社会生产与经济发展方面发挥着重要的风险保障作用。海洋保险作为分散涉海产业风险的重要手段，对于促进海洋经济稳定持续、高质量发展具有重要战略意义。

5.1.2　中央一号文件大力支持发展海洋保险

自2004年中央一号文件指出加快建立政策性农业保险制度，鼓励地区开展试点与保费补贴工作开始，至2023年，我国每年的中央一号文件都高度关注农业保险的发展。在近20年的一号文件中，政策的侧重点与关注点也随着农业经济与海洋经济的快速发展而不断转变，政策制定更加详细全面，从最开始扶持开展政策性农业保险试点工作、建立农业再保险体系和财政支持的巨灾风险分散机制到扩大农业保险保费补贴的品种和区域覆盖范围，再到扶持发展渔业互助保险、开展渔业保险保费补贴、发挥"保险+期货"在服务乡村产业发展中的作用。以下是历年中央一号文件相关内容节选，海洋产业作为大农业的重要构成，得益于农业保险制度的成熟，海洋保险相关产品与政策体系业也日臻完善。[①]

（1）2004年中央一号文件提出，加快建立政策性农业保险制度，选择部分产品和部分地区率先试点，有条件的地方可对参加种养业保险的农户给予一定的保费补贴。

（2）2005年中央一号文件提出，扩大农业政策性保险的试点范围，鼓励商业性保险机构开展农业保险业务。

（3）2006年中央一号文件提出，各级财政要增加扶持农业产业化发展资金，支持龙头企业发展，并可通过龙头企业资助农户参加农业保险。稳步推进农业政策性保险试点工作，加快发展多种形式、多种渠道的农业保险。各地可通过建立担保基金或担保机构等办法，解决农户和农村中小企业贷款抵押担保难问题，有条件的地方政府可给予适当扶持。

（4）2007年中央一号文件提出，搞好对农产品出口的信贷和保险服务。积极发展农业保险，按照政府引导、政策支持、市场运作、农民自愿的原则，建立完善农业保险体系。扩大农业政策性保险试点范围，各级财政对农户参加农业保险给予保费补贴，完善农业巨灾风险转移分摊机制，探索建立中央、地方财政支持的农业再保险体系，鼓励龙头企业、中介组织帮助农户参加农业保险。

（5）2008年中央一号文件提出，认真总结各地开展政策性农业保险试点的经验和做法，稳步扩大试点范围，科学确定补贴品种。完善政策性农业保险经营机制和发展模式。建立健全农业再保险体系，逐步形成农业巨灾风险转移分担机制。

（6）2009年中央一号文件提出，加快发展政策性农业保险，扩大试点范围、

---

① 参考资料来源于中央人民政府门户网站。

增加险种，加大中央财政对中西部地区保费补贴力度，加快建立农业再保险体系和财政支持的巨灾风险分散机制，鼓励在农村发展互助合作保险和商业保险业务。探索建立农村信贷与农业保险相结合的银保互动机制。扩大农产品出口信用保险承保范围，探索出口信用保险与农业保险、出口信贷相结合的风险防范机制。

（7）2010年中央一号文件提出，积极扩大农业保险保费补贴的品种和区域覆盖范围，加大中央财政对中西部地区保费补贴力度。鼓励各地对特色农业、农房等保险进行保费补贴。发展农村小额保险。健全农业再保险体系，建立财政支持的巨灾风险分散机制。推动农产品出口信贷创新，探索建立出口信用保险与农业保险相结合的风险防范机制。

（8）2012年中央一号文件提出，扩大农业保险险种和覆盖面，开展设施农业保费补贴试点，扩大森林保险保费补贴试点范围，扶持发展渔业互助保险，鼓励地方开展优势农产品生产保险。健全农业再保险体系，逐步建立中央财政支持下的农业大灾风险转移分散机制。

（9）2013年中央一号文件提出，加强涉农信贷与保险协作配合，创新符合农村特点的抵（质）押担保方式和融资工具，建立多层次、多形式的农业信用担保体系。健全政策性农业保险制度，完善农业保险保费补贴政策，加大对中西部地区、生产大县农业保险保费补贴力度，适当提高部分险种的保费补贴比例。开展农作物制种、渔业、农机、农房保险和重点国有林区森林保险保费补贴试点。推进建立财政支持的农业保险大灾风险分散机制。

（10）2014年中央一号文件提出，加大农业保险支持力度。提高中央、省级财政对主要粮食作物保险的保费补贴比例，逐步减少或取消产粮大县县级保费补贴，不断提高稻谷、小麦、玉米三大粮食品种保险的覆盖面和风险保障水平。鼓励保险机构开展特色优势农产品保险，有条件的地方提供保费补贴，中央财政通过以奖代补等方式予以支持。扩大畜产品及森林保险范围和覆盖区域。鼓励开展多种形式的互助合作保险。规范农业保险大灾风险准备金管理，加快建立财政支持的农业保险大灾风险分散机制。探索开办涉农金融领域的贷款保证保险和信用保险等业务。

（11）2015年中央一号文件提出，积极开展农产品价格保险试点。加大中央、省级财政对主要粮食作物保险的保费补贴力度。将主要粮食作物制种保险纳入中央财政保费补贴目录。中央对政补贴险种的保险金领应覆盖直接物化成本。加快研究出台对地方特色优势农产品保险的中央财政以奖代补政策。

（12）2016年中央一号文件提出，完善农业保险制度。把农业保险作为支持农业的重要手段，扩大农业保险覆盖面、增加保险品种、提高风险保障水平。积极开发适应新型农业经营主体需求的保险品种。探索开展重要农产品目标价格保险，以及收入保险、天气指数保险试点。支持地方发展特色优势农产品保险、渔业保险、设施农业保险。探索建立农业补贴、涉农信贷、农产品期货和农业保险联动机制，积极探索农业保险保单质押贷款和农户信用保证保险。稳步扩大"保险+期货"试点，鼓励和支持保险资金开展支农融资业务创新试点，进一步完善农业保险大灾风险分散机制。

（13）2017年中央一号文件提出，开展农民合作社内部信用合作试点，鼓励发展农业互助保险。持续推进农业保险扩面、增品、提标，开发满足新型农业经营主体需求的保险产品，采取以奖代补方式支持地方开展特色农产品保险。鼓励地方多渠道筹集资金，支持扩大农产品价格指数保险试点。探索建立农产品收入保险制度。鼓励金融机构发行"三农"专项金融债。扩大银行与保险公司合作，发展保证保险贷款产品。深入推进农产品期货、期权市场建设，积极引导涉农企业利用期货、期权管理市场风险，稳步扩大"保险+期货"试点。

（14）2018年中央一号文件提出，探索开展稻谷、小麦、玉米三大粮食作物完全成本保险和收入保险试点，加快建立多层次农业保险体系。支持符合条件的涉农企业发行上市、新三板挂牌和融资、并购重组，深入推进农产品期货期权市场建设，稳步扩大"保险+期货"试点，探索"订单农业+保险+期货（权）"试点。改进农村金融差异化监管体系，强化地方政府金融风险防范处置责任。

（15）2019年中央一号文件提出，按照扩面增品提标的要求，完善农业保险政策。推进稻谷、小麦、玉米完全成本保险和收入保险试点。扩大农业大灾保险试点和"保险+期货"试点，探索对地方优势特色农产品保险实施以奖代补试点。

（16）2020年中央一号文件提出，抓好农业保险保费补贴政策落实，督促保险机构及时足额理赔。优化"保险+期货"试点模式，继续推进农产品期货期权品种上市。

（17）2021年中央一号文件提出，扩大稻谷、小麦、玉米三大粮食作物完全成本保险和收入保险试点范围，支持有条件的省份降低产粮大县三大粮食作物农业保险保费县级补贴比例。将地方优势特色农产品保险以奖代补做法逐步扩大到全国。健全农业再保险制度，发挥"保险+期货"在服务乡村产业发展中的作用。

（18）2022年中央一号文件提出，积极发展农业保险和再保险，优化完善"保险+期货"模式。强化涉农信贷风险市场化分担和补偿，发挥好农业信贷担保作用。

（19）2023年中央一号文件提出，发挥多层次资本市场支农作用，优化"保险+期货"。加快农村信用社改革化险，推动村镇银行结构性重组，鼓励发展渔业保险。

5.1.3　渔业保险中央保费补贴试点

2008年农业部发布了《关于下达2008年渔业互助保险中央财政保费补贴试点项目资金的通知》，在全国选取7个重点渔区（山东、浙江、广东、江苏、海南、辽宁、福建）作为政策性渔业互助保险的试点区域，实施渔业保险补贴政策。在相关政策的支持下，我国渔业保险补贴实施范围逐渐扩大，补贴强度最高可达60%，补贴的经营主体由中央、省级财政机构逐步转变为省、市、县三级财政机构（表5-1）。

表5-1　部分地区渔业保险补贴情况

地区	年份	补贴比例	补贴范围	资金来源	政策依据
天津市	2012	50%	针对渔船的综合互助保险（渔船险）和针对渔民的人身平安保险（渔民险）	省财政	《关于开展海洋渔业互助保险试行财政补贴的通知》
天津市	2015	60%	渔业互助保险	省财政	《关于天津市海洋渔业互助保险财政补贴政策的通知》
河北省	2013	省级25%，市县1∶1	渔业互助保险	省、市、县三级	《河北省人民政府关于促进海洋渔业可持续发展的实施意见》
山东省	2008	20%	渔民（渔工）雇主责任保险、渔船财产保险	省财政	《转发〈农业部关于进一步做好渔业互助保险工作的通知〉的通知》
山东省	2013	省级20%，争取省市县1∶1∶1比例补贴	参保雇主责任险保额在20万至50万元之间的渔民	省、市、县三级	《山东省海洋与渔业厅关于提高渔业互保补贴比例的通知》
江苏省	2009	25%	参加渔业保险试点的投保渔民	省财政	《关于印发江苏省渔业保险试点工作方案的通知》

地区	年份	补贴比例	补贴范围	资金来源	政策依据
江苏省	2015	25%	参加渔业互助保险的渔船、渔民	省财政	《关于做好2015年全省农业保险工作的通知》
福建省	2014	40%	远洋渔业船员和渔船保险	省财政30%市县财政10%	《福建省人民政府关于加快远洋渔业发展六条措施的通知》
福建省	2019	40%	水产养殖台风指数保险	中央30%县级10%	《2019年度福建省水产养殖台风指数保险试点方案》
广东省	2012	35%	渔民、渔船投保	省、市、县三级	《广东省政策性渔业保险实施方案（试行）》
广东省	2013	珠三角地区市县35%；欠发达地区省级25%、市县10%	符合投保条件并参保的渔民和渔船	省、市、县三级	《关于2013年省级政策性渔业保险保费补贴资金安排计划的公示》
广东省	2019	珠三角地区市县级不少于40%，（地级以上市不低于35%）；非珠三角地区省级30%、市县级10%，（地级市不低于5%）	符合投保条件并参保的渔民和渔船	省、市、县三级	《广东省政策性渔业保险实施方案》
广东省	2019	50%	水产养殖保险	地方财政	《广东省政策性水产养殖保险实施方案（试行）》
海南省	2010	55%	渔船保险	中央财政补贴25%，省级财政补贴30%	《海南省人民政府办公厅关于印发2010年海南省农业保险试点方案的通知》

地区	年份	补贴比例	补贴范围	资金来源	政策依据
海南省	2012	55%	渔船保险	农业部专项补贴25%，省级财政补贴30%	《2012年海南省农业保险试点方案》
海南省	2012	20%	渔民海上人身意外伤害保险	省级财政	《2012年海南省农业保险试点方案》
海南省	2015	60%	渔民海上人身意外伤害保险和渔船保险	省级财政补贴50%，市县财政补贴10%	《海南省人民政府办公厅关于印发2015年海南省农业保险工作实施方案的通知》

5.1.4 五年规划助力海洋保险发展

自2006年《全国渔业发展第十一个五年规划（2006年—2010年）》提出探索推行政策性渔业保险以来，国家渔业发展五年规划持续关注渔业保险发展，不断尝试海洋灾害保险新模式，拓宽渔业保险覆盖范围，提倡海洋保险险种创新，完善海洋保险制度体系。

以下是历年《全国渔业发展五年规划纲要》《全国海洋经济发展五年规划纲要》相关内容节选。[1]

（1）2006年《全国渔业发展第十一个五年规划（2006—2010年）》提出，探索政策性渔业保险的实现形式。研究确定渔业政策保险的性质、范围、经营原则、政策性与商业性业务的界定、经营主体的组织形式等，并选择有条件的地方开展试点，推动全国渔业政策性保险工作，为渔区创造一个安定的生产和生活环境。

（2）2011年《全国渔业发展第十二个五年规划》提出，建立政策性渔业互助保险制度。加强渔业互助保险体系和队伍建设，拓宽渔业互助保险服务范围和覆盖面。继续做好渔业互助保险中央财政保费补贴试点，启动水产养殖互助保险保费试点，力争将渔业纳入国家政策性农业保险范围，推动建立政策性渔业互助保险制度。探索构建渔业保险巨灾风险防范体系，提升渔业全行业风险保障能力。

---

① 参考资料来源于中央人民政府门户网站。

（3）2012年《全国海洋经济发展"十二五"规划》提出，探索海洋灾害保险新模式，建立和完善海洋保险和再保险市场。

（4）2017年《全国渔业发展第十三个五年规划》提出，支持建立渔业保险制度，推动将渔业保险纳入政策性农业保险范围，支持发展渔业互助保险，鼓励发展渔业商业保险，积极开展水产养殖、渔船、渔民人身等保险，健全稳定的渔业风险保障机制。

（5）2017年《全国海洋经济发展"十三五"规划》提出，加快构建多层次、广覆盖、可持续的海洋经济金融服务体系。加快发展航运保险业务，探索开展海洋环境责任险。

（6）2021年《"十四五"全国渔业发展规划》提出，完善渔业保险政策，推动"安责险"落地实施，推行渔业船员实名制保险，开展水产养殖等保险，扩大渔业保险覆盖面。

5.1.5 其他中央政策与条例

除了高度聚焦农业发展的中央一号文件与《全国渔业发展五年规划纲要》《全国海洋经济发展五年规划纲要》外，中央其他政策与条例也从现代渔业发展保障体系的角度，强调完善渔业保险支持政策，鼓励开展各类指数保险等渔业保险新型险种与产品。以下是部分中央政策与条例节选。[1]

（1）2013年，国务院发布的《关于促进海洋渔业持续健康发展的若干意见》提出，"到2015年，海水产品产量稳定在3 000万吨左右，海水养殖面积稳定在220万公顷左右，现代渔业产业体系和支撑保障体系基本形成；到2020年，海水养殖生态健康高效，形成现代渔业发展新格局"的发展目标；强调金融机构要"研究完善渔业保险支持政策，积极开展海水养殖保险"。

（2）2013年，中国保险监督管理委员会发布的《关于进一步贯彻落实〈农业保险条例〉做好农业保险工作的通知》提出，鼓励各公司积极研究开发天气指数保险、价格指数保险、产量保险等新型产品，不断满足农民日益增长的风险保障需要。

（3）2013年，国务院办公厅发布的《关于金融支持经济结构调整和转型升级的指导意见》提出，推广渔业保险等新型险种。

（4）2016年，国务院发布的《全国农业现代化规划（2016—2020年）》提出，

---

[1] 参考资料来源于中央人民政府门户网站、中国银行保险监督管理委员会官网。

探索建立水产养殖保险制度，探索开展收入保险、农机保险、天气指数保险。

（5）2020年，农业农村部、中国银保监会联合印发的《关于推进渔业互助保险系统体制改革有关工作的通知》提出，剥离协会保险业务，设立专业保险机构承接，全面开启渔业互助保险系统体制改革，加快建立规范发展的渔业风险保障体系。

5.2　地方层面对海洋保险的政策支持

在中央政策的引导与带动下，各地方积极响应，出台了一系列相关政策助力海洋保险的高质量发展。通过对重点省份渔业保险政策进行整理，可以发现，自2006年广东省率先发布相关政策起，渔业保险相关政策的出台数量从2009年开始逐年增加，于2013年达到峰值（图5-1）。这一变化与中央政府对渔业保险制度的关注情况恰好一致。本节将对2008年全国政策性渔业互助保险试点的7个重点渔区（山东、浙江、广东、江苏、海南、辽宁、福建）发布的渔业保险相关政策实施与开展情况进行具体分析。

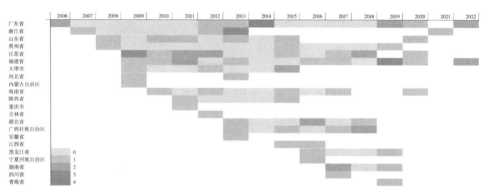

图5-1　渔业保险政策数量分布图

5.2.1　辽宁省海洋保险政策体系

近年来，辽宁省完善相关政策，从完善对捕捞渔民的渔船互动保险财政补贴工作，到加快现代保险服务业改革发展、鼓励保险机构加快发展船舶保险，再到在《辽宁省"十四五"海洋经济发展规划》中明确提出要充分发挥保险服务对海洋产业发展的风险保障功能，推动新险种开发。同时，辽宁省也高度关注涉海保险规范化建设，陆续出台了《先期赔付案件处理办法》《渔船互助保险条款》《休闲渔船人员责任互助保险条款》等多项规章制度。

5.2.2 山东省海洋保险政策体系

早在2006年，山东省就提出了《2006年全省海洋与渔业工作要点》，给出了关于渔区社会保障制度、渔业政策性保险的指导意见。自此，推动渔业政策性保险和渔民保障制度试点的工作陆续展开，在"十二五"期间，随着山东省建设海洋强省的脚步加快，海洋保险进入发展的快车道。之后，探索将渔业养殖保险纳入政策性保险范围、积极开展优质品种养殖保险及发展船舶保险的相关实施意见也陆续提出，政策关注范围逐渐扩大。青岛市、烟台市、东营市等沿海城市也跟随省级层面政策，出台了具体的海洋保险制度要求。

5.2.3 江苏省海洋保险政策体系

江苏省早在2004年就提出做好政策性农业保险试点工作，2009年出台《江苏省渔业保险试点工作方案》开始着手开展渔业保险试点，主要试点险种为渔船互助保险和雇主责任互助保险。2010年《关于印发江苏省渔业保险试点工作方案的通知》的出台代表试点工作的正式启动。之后，《省政府办公厅关于做好2012年全省农业保险工作的通知》《省政府办公厅关于做好2014年全省农业保险工作的通知》等文件均持续关注推进渔业保险工作，稳步扩大渔业保险市场，提高渔业保险承保责任。近些年的《关于落实发展新理念推动农业保险迈上新台阶的指导意见》《关于加快农业保险高质量发展的实施意见》等，也都体现了支持渔业保险高质量发展、提高保障能力的要求。在险种创新方面，《省政府关于加快发展现代保险服务业的实施意见》等文件均提出支持价格指数保险、天气指数保险等新型保险产品的开发。

5.2.4 浙江省海洋保险政策体系

浙江省作为海洋大省，早在2004年12月份就成立了渔业互保协会，并在省财政资金的支持下，在浙江温岭、玉环、苍南、瑞安、平阳、洞头6个县市率先开展政策性渔业互助保险试点。2007年省财政厅正式下发了《浙江省政策性渔业保险补贴专项资金管理办法》，以文件的形式明确规定了政策性渔业保险补贴的对象、范围和标准，给浙江省政策性渔业互助保险带来了发展动力。各市（县）配套性政策的发布与实施使互保覆盖面不断扩大，保费总量不断增加，为渔民带来切实利益保障的同时，也使浙江省渔业保险取得了突破性进展。《浙江省渔业发展"十二五"规划》指出进一步健全政策性渔业互助保险制度，完善财政资金补贴办法。近年来，水产养殖互助保险试点工作方案的发布明确了纳入试点的水产养殖保险险种、试点地区和具体措施，相关政策意见开始关注涉海保险产品的创新，提出加强对保险机构产品设计和服务创新的引导。

5.2.5 福建省海洋保险政策体系

福建省于2006年将渔工和渔船保险列入农业保险试点工作的险种，之后通过提供财政保费补贴，推动政策性渔船保险试点工作开展。政策的关注点也从最初的开展渔业保险试点工作到加大参保优惠力度并积极推进渔业保险险种创新。2008年发布的《福建省海洋与渔业局关于加快做好我省渔业保险工作的通知》提出要将政策性渔业保险和渔业互助保险工作列入现代渔业建设和安全生产管理工作的重要内容。之后的文件也明确指出加大对参保渔船的优惠补贴力度，以鼓励更多的远洋渔船参与互保计划。近年来，《关于加快福建省农业保险高质量发展的实施方案的通知》《福建省渔业互助保险方案》等文件均提出要提高渔业保险的覆盖面，鼓励多种形式渔业保险的发展。同时，福建省还积极推进渔业保险险种的创新发展，《福建省海洋与渔业厅关于进一步加强渔业互助保险工作的通知》《福建省海洋与渔业局关于推动海洋与渔业高质量发展实现2022年一季度"开门红"十一条措施的通知》等文件指出要积极探索各类指数保险等渔业保险新险种。

5.2.6 广东省海洋保险政策体系

广东省于2012年开始正式开展政策性渔业保险的相关工作，联合出台了《广东省政策性渔业保险实施方案（试行）》《广东省政策性渔业保险保费补贴资金管理办法》，文件明确了财政扶持政策、承保范围、保费优惠等相关规定，文件的出台对于开创渔业互保工作新局面具有重要意义。而后，《关于大力推动农业保险高质量发展的实施意见》《广东省人民政府办公厅关于加快推进现代渔业高质量发展的意见》等文件开始重点关注扩大渔业保险的覆盖面，积极开展试点推广工作。

5.2.7 海南省海洋保险政策体系

海南省于2007年印发了农业保险试点方案，方案明确了试点险种包括渔船全损保险、渔民海上人身意外伤害保险、船东雇主责任保险。在之后年度的试点方案中进一步明确了渔船保险的试点规模及试点区域范围。《2011年海南省农业保险试点方案》在原有试点的基础上新增了罗非鱼养殖保险及深水网箱养殖保险试点险种。2016年的《海南省人民政府关于促进现代渔业发展的意见》提出，要逐步探索将水产养殖保险纳入财政政策性农业保险范畴，试点"养殖点+银行+保险+气象指数"相结合的渔业保险产品。《2017年海南省农业保险工作实施方案》指出要探索建立巨灾风险分散机制，选择创新型保险产品作为试点，稳步推进"保险+期货"的试点工作。①

---

① 参考资料来源于各省份人民政府官网、渔业互保协会官网、海洋局官网。

———· **本章小结** ·———

　　本章结合党的二十大精神赋予海洋保险的时代使命，从历年中央一号文件、渔业保险保费补贴试点、近年五年规划及其他中央政策条例方面分析了国家层面给予海洋保险的政策支持，并进一步梳理了最早开展保费补贴工作的7个省份在中央政策的指导下根据地区特点出台的一系列相关政策，这些政策从政策性保费补贴、创新险种探索、合作模式建设以及风险分散机制完善方面为当地海洋保险的高质量发展提供了方向指引与力量支撑。

【知识进阶】

　　1. 国家层面支持渔业保险发展的政策经历了从扶持发展渔业互助保险、开展渔业保险保费补贴到发展"保险+期货"的转变。结合各省份具体情况，试分析地方层面政策侧重点的转变。

　　2. 查阅资料，找一下各地区海洋保险都有哪些特色实践探索。

6　国外海洋保险发展分析

> 知识引入：本章介绍了欧洲、美国、日本海洋保险的历史沿革及发展现状。随后，分析了其特色海洋保险的立法情况，为我国海洋保险法律的完善提供借鉴。

6.1　欧洲海洋保险

6.1.1　历史沿革及现状概述

海上贸易的繁荣为欧洲海洋保险的发展提供了客观条件，自17世纪以来，欧洲就是海上保险的中心。1779年，英国海上保险市场开始采用劳合社SG保险单，S表示船舶，G表示货物。随着SG保险单的逐步规范，英国《1906年海上保险法》将其作为标准格式大力推行，随即其他国家纷纷效仿。劳合社SG保险单使用了约200年，后因言语晦涩难懂、格式陈旧过时等原因，逐渐淡出海上保险市场。1912年英国出台的《协会货物条款》（Institute Cargo Clause，ICC），曾与劳合社SG保险单配合使用，伦敦保险协会于1982年对ICC进行修订，新条款于1983年完全替代了SG保险单，成为海上保险新的标准保险单格式。我国现行的《海洋运输货物保险条款》就是在参照包括FPA、WA和AR三套条款在内的ICC的基础上修订的。2009年，英国又对1983年的ICC进行了修订，新条款适应了新的航海模式，扩展了保险责任范围，明确了免责条款要求，文字和结构也更加清晰明了。

目前，英国保险市场仍然是世界上规模最大的保险市场。劳合社作为英国海上保险业早期繁荣的重要标志，当下依然在全球的海洋保险市场中占据绝对优势。英国海上保险的保费收入占全球总保费收入的1/5以上，总部位于伦敦的保赔协会（P&I Clubs）业务量占全球保赔保险市场的62%。

欧洲地区同样也是渔业保险发展的标杆。早在20世纪70年代，渔业保险便在欧洲起步，世界上最早、最具代表性的渔业保险承保机构——桑德兰海洋互保公司、英国皇家太阳联合保险集团均在英国。此外，西班牙的渔业保险具有典型的政策性，西班牙财政部牵头出资，联合40家大型保险公司组成"西班牙农业保险组织"，为渔业养殖保险提供补贴。挪威渔业保险业同样起步较早，并且以高专业性著称。

由于欧盟"共同渔业政策"（Common Fisheries Policy）减船计划的实施，欧洲各国的捕捞渔船数量明显减少。在此影响下，欧洲各国的捕捞业面临着配额限制、禁渔期等各类限制。欧洲地区渔船险的商业规模开始下降，无论综合性的财险公司还是海上渔船互保协会均面临经营窘境，欧洲渔船保险开始推进转型升级。

6.1.2 主要保险类型

6.1.2.1 海上货物运输保险

1.承保责任

1963年版的海上货物运输保险标准条款包括平安险、水渍险、一切险三部分，被称为ICC旧条款。英国伦敦协会于1982年推出了"协会货物保险ABC条款"（表6-1），英国海上货物运输保险（A）条款采用的是"一切险减除外责任"方式，是承保范围最广泛的条款，只要不是合同中约定的除外责任，保险人均承担相应的损失赔偿责任。

表6-1 英国"协会货物保险ABC条款"承保责任分析

条款类型	承保范围	除外责任
（A）条款	除所列示除外责任外，均承保相应风险	① 被保险人故意行为所造成的损失；② 保险标的自然损害；③ 保险标的包装或运载不当所造成的损失；④ 保险标的固有属性所造成的损失；⑤ 因延误所造成的损失；⑥ 经营人、船东等因破产或不清偿债务所造成的损失；⑦ 因核武器等放射性战争武器的使用所造成的损失
（B）条款	① 爆炸与火灾；② 船舶的搁浅、触礁、沉没等；③ 陆上运输工具倾覆；④ 海上运输工具与除水之外的外部物体碰撞；⑤ 地震、雷电和火山喷发；⑥ 在避难港卸货	与（A）条款一致
（C）条款	① 爆炸与火灾；② 船舶的搁浅、触礁、沉没等；③ 陆上运输工具倾覆；④ 海上运输工具与除水之外的外部物体碰撞；⑤ 在避难港卸货	与（A）条款一致

从表6-1可以看出，（A）条款的承保范围最广，（B）条款次之，（C）条款承

保范围最小。从内容角度看，（A）条款的承保风险条款可分为风险条款、共同海损条款、"双方有责碰撞"条款。（B）条款具体列明了所承保的风险，涵盖了六个方面的风险类型，（C）条款则在（B）条款的基础上减少了"地震、雷电和火山喷发"条款。除外责任方面，（B）（C）条款与（A）条款的规定相一致。

2. 法律条款特征分析

英国1982所推出的新ICC条款较旧条款而言进行了多处改进。首先，所列明的承保风险与除外责任更加清晰明了，（B）（C）条款对保险人的承保责任一一列明，避免了因责任划分不明确产生的争议。其次，新条款扩大了独立险别承保的范围。新条款共包含六大险种，分别是协会货物（A）（B）（C）条款、战争险、罢工险、恶意损害险。在新条款中除（A）（B）（C）条款可独立投保外，战争险、罢工险也可以单独投保。战争险、罢工险同样拥有完整的保单结构，征得保险人同意后，可以作为独立险种承保。最后，新条款新增了五条条款，分别是保险利益条款、增值条款、放弃条款、续运费用条款、英国法律和惯例条款，并扩大了被保险人义务等条款的范围，体系更加完整、结构更加严密。

6.1.2.2　水产养殖保险

水产养殖保险自20世纪70年代起在欧洲实施，但因极端天气、水生物病害等原因一度受阻。

1. 保险市场相对发达

国际水产养殖保险市场是一个多国形成的复杂综合体，其中，最大最完善的水产养殖险市场便在欧洲。一般的水产养殖业务会由英国的劳合社或瑞典的保险公司承保，随后由法国、德国等国家的再保险公司进行再保险。桑德兰海洋互保有限公司（Sunderland Marine Mutual Insurance Company Limited）、皇家太阳联合保险集团（Royal & Sun Alliance Insurance Group）以及SBJ尼尔森史蒂文森有限公司（SBJ Nelson Steavenson Limited）等传统老牌保险公司成为欧洲水产养殖保险发展的中流砥柱。经过近50年的发展壮大，欧洲水产养殖保险市场相对成熟，保险经纪人、损失评估人、农业技术专家等专业人士为水产养殖保险业务发展提供了技术支撑与业务推广。由于水产养殖保险理赔定损难度大，各类限制性条款、保单承诺要求较为严格，保险经纪人便在此过程中发挥了重要作用。保险经纪人基于投保人的利益，开展中介服务，使得渔业养殖户能够以科学、合理的保险条件获得保险保障，有效促进水产养殖保险供需对接。

2. 市场潜力仍待激发

欧洲水产养殖保险险种目前已较为全面，保险标的涵盖各种鱼类、贝类、虾类，此外，网箱、驳船等渔业生产工具也成为保障对象。但即便在较为发达的欧洲保险市场，水产养殖保险仍是非常"小众"的产品。一方面，海洋渔业面临的自然风险较为复杂，一旦发生事故，造成的损失数额巨大。同时，保单需要根据养殖情况进行具体设定，地理位置、养殖管理水平、养殖规模等因素均会导致险种保险费率、承保范围、免责条款等的不同，从而产生复杂的业务流程。这都致使保险公司承保意愿较低，市场供给存在不足。另一方面，从需求端角度分析，在较高的保险费率水平下，养殖户投保意愿不高且双方的信息不对称为养殖户创造了"骗保"的机会，道德风险较高。在供给端与需求端的双重承压下，全球水产养殖保险覆盖水平较低，保险业较为发达的欧洲地区同样如此。

6.1.3　海洋保险特色法律

6.1.3.1　英国海上保险保证制度

英国是海上保险保证制度的起源国。在早期的海上保险实践中，"承诺"是保证制度的初步形态，但在当时并没有法律明文规定。17世纪后期，曼斯菲尔德勋爵担任了首席大法官，其根据案例判罚对海上保险保证进行了归纳总结，初步构建起保证制度的框架。《1906年海上保险法》的出台才使得海上保险保证制度得以确立，该制度也成为各国学习借鉴的样本。但随着航运技术、海上运输的深入发展，《1906年海上保险法》对海上保证的诠释愈发不能满足新的实践需要，英国《2015年英国保险法》（IA 2015）对海上保证制度进行了修改与完善，本书着重对该部分内容进行阐述。

1. 废除"合同基础条款"

IA 2015废除了包括海上保险在内的保险合同对合同基础条款的适用，法律条文中有这样的规定："无论陈述是否被认定为合同的基础，均不能被保险合同中的条款转化为保证。"合同基础条款的存在一直被人诟病，废除之后，被保险人在投保时所提供的相关信息仅被认为在如实告知下的陈述，不再被赋予保证的效力。

2. 修改违反保证的后果

《1906年海上保险法》规定，如被保险人违反保证义务，保险人的责任自动解除。但新的 IA 2015对这一规定进行了修改：在被保险人违反保证的情况下，保险人的责任由自动解除更改为自动中止。经此变更，被保险人违反保证义务后，可通过采取补救措施而使保险合同继续履行。对于采取补救措施期间的损失，保险人不承担赔偿责任；但如已完成保证的补救，保险合同继续生效，对后续的损失保险人应承担赔偿责任。

3. 增加"与实际损失无关的条款"

被保险人违反保证行为与后果的不成比例问题一直是旧保险法饱受非议的原因之一。IA 2015新增了"与实际损失无关的条款"。该条款规定被保险人在违反保证义务但并未对实际损失产生影响的情况下，保险人不得因被保险人违反保证条款而不承担赔偿责任。

6.1.3.2　英国海上保险保证制度对我国的借鉴意义

英国作为传统海上贸易强国，积累了丰富的海上保险发展经验，特别是IA 2015的实施，使海上保险保证制度成为各国立法标杆。我国海上保险起步较晚，相关法律法规有待于进一步完善，英国的IA 2015对我国相关法律的健全具有重要借鉴意义。具体而言，我国应在相关法律中对海上保险保证进行明确定义，且建议对默示保证进行补充。同时，应借鉴中关于"修改违反保证的后果"的相关内容，为被保险人违反保险义务的后续行为留足余地，而不是直截了当地自动解除合同。此外，应以IA 2015新增的"与实际损失无关条款"为参考，建议当被保险人违反保证且造成损失时，才属于违反保证条款。

◆ 案例分析 >>>

艾米可公司保险事件引发保证条款争议[①]

【案例正文】2004年，艾米可资源有限公司（以下简称艾米可公司）需开展以货物金属和合金类货物为标的的海上运输业务，为分散风险，艾米可公司与太阳联合保险（中国）有限公司签署了海上货物运输保险合同。双方约定保险期限为一年（2005年3月21日至2006年3月20日），承保的条件为协会货运险（A）条款，要对被保货物进行专业化包装。然而货物到港后，经专业公司检测发现货物含有水分，原因为未对被保货物进行专业化包装，收货人以含水量过高为由拒绝签收货物，被保险人艾米可公司要求保险人太阳联合保险（中国）有限公司承担赔偿责任，但保险人对此拒绝承担赔偿责任。

【思考题】保险人是否应承担赔偿责任？其原因是什么？

【要点提示】双方争议的焦点是该损失是否属于保险责任范围内，一审法院审

---

① 详见上海市高级人民法院"艾米可资源有限公司诉太阳联合保险（中国）有限公司"案。

理认为，保单列明货物需要进行专业化的包装，但涉案货物的包装并无统一标准，保单中记载的货物需要进行专业化包装可被认为订立保险合同时双方约定的保证条款，而艾米可公司未能证明其进行了符合约定的专业化包装，是对其在保单中约定的保证条款的违反，太阳联合保险（中国）有限公司有权拒赔。后艾米可公司不服一审判决提起上诉，二审法院维持一审原判，但与一审不同的是二审法院着重指出，对货物未进行专业化包装引起的损失属于保单的除外条款，据此保险人太阳联合保险（中国）有限公司不予理赔。由此案可见，对于约定的某合同条款能否认定为保证条款，在实践中法院的做法并不统一。

6.2　美国海洋保险

6.2.1　历史沿革及现状概述

与17世纪欧洲海上保险市场的热闹相比，美国海洋保险起步相对较晚，其业务起源于英国人开发北美大陆的殖民时期，那时美国的海洋保险业务大多由英国在美的保险公司分支机构承保。1721年5月，美国人约翰·科普森设立了第一家本土海上保险组织，承保船舶和货物的海上风险。美国独立战争后不久，美国第一家股份制保险公司——北美保险公司（The Insurance Company of North America）宣告成立，公司成立初期只负责承办海上保险业务。1845年，美国已拥有75家经营海上保险业务的公司。为将纽约打造成海上保险中心城市，美国借鉴英国劳合社的建立经验，由100多个成员共同组成纽约海上保险承保人组织。随后，美国海上保险迎来了高速发展时期，特别是第二次世界大战之后，美国成为世界头号经济强国，海上保险业随着经济发展、航海繁荣而获得快速发展，到20世纪末，美国拥有近6000家保险公司。

与欧洲相似，美国水产养殖保险同样起步于20世纪70年代，美国由国内和国际保险公司为水产养殖业提供双重保险保障。在水产养殖保险探索初期，大多数保险产品以鲇鱼为主要承保对象，这是由于鲇鱼养殖分布较为广泛且病害数据相对完整，相关保险产品经营收益较高。即便如此，因鲇鱼养殖保险收取保费水平较低，一旦出险则保险标的损失程度较高等因素，经营后期依然出现了高赔付率的问题。1980年，美国通过了《联邦农作物保险法》，推动水产养殖保险商业化、市场化发展，随后美国农业保险公司也开始开展水产养殖保险业务。目前，美国典型的水产养殖保险有牡蛎保险和蛤蜊保险。

20世纪80年代后，随着海洋产业的发展和人类对生态环境的重视，美国率先推出了海洋保险的新兴险种——海洋环境责任保险（表6-2）。海洋环境责任保险是环境污染责任保险在海洋领域的具体形态，属于责任保险范畴。该保险以被保险人因疏忽或过失导致的海洋污染事故损失赔偿责任为保险标的，间接对海洋生态损害承担赔偿责任。海洋环境责任保险从某种程度上说是以保护海洋生态利益为目的，具有一定的公益性。

◆ 拓展阅读 >>>

表6-2 美国典型环境责任保险类型

保单	保障描述	保单细则
法定污染责任保险	保障范围涵盖保险财产的清理，包括对未知或某些条件下的已知污染进行自愿清理和/或强制清理，以及保单生效后的清理费用、防护费用。保障范围扩展至第三方的身体损伤或财产损失，也可能包括污染导致的收入损失或者租赁费用	1. 保险期间：1～10年 2. 保单限额：100万～15 000万美元 3. 免赔额：2.5万～100万美元 4. 保费：1万～30万美元
清理费用上限保险	包括对未曾预料清理费用增加的保障。典型的保障仅在发生无法识别的污染、污染超过估计状况法规要求变更或补救计划失效时才触发。这些保障并不包括防护费用，也将保单中未特别提及的污染类型排除在外	1. 保险期间：平均5年 2. 保单限额：100万～2 500万美元 3. 自留：全部清理费用的110%～130% 4. 保费：清理费用的8%～20%
贷款人污染责任保险	1. 如果在保险期内，贷款人由于抵押物的污染而被起诉，保险人要补偿贷款人的诉讼费用并支付索赔。 2. 如果在保险期间发生污染事故并且借款人违约，保险人将代借款人向贷款人支付未偿的债务，这种保单称为"贷款余额"保单；或者保险人向贷款人支付贷款余额和清理费用中的较少的那个，这种保单称为"较小者"保单	1. 承保期间：1～10年 2. 平均保单限额：100万～2 500万美元 3. 平均免赔额：1万～25万美元 4. 平均保费：2.5万～15万美元

在全世界范围内，美国海洋保险不仅市场规模、保费收入名列前茅，其法律保障、监管水平同样是各国学习的标杆。美国在海洋保险方面的相关立法，充分借鉴了英国的《1906年海上保险法》，但与英国不同的是，美国作为联邦制国家并未

形成全国性的统一保险法，而是由各州自行制定法律法规。同时，由各州主要保险业管理阶层所组成的民间团体——美国保险监督官协会（National Association of Insurance Commissioners）制定了大量保险示范法、行业规则，对美国海洋保险经营规范进行了有效补充。

6.2.2 主要保险类型

6.2.2.1 渔业保险

美国的渔业保险是政策支持型商业保险模式，作为联邦制国家的美国，并未建立严密的渔业保险层级管理体系，而是由各州横向开展业务。总体而言，其主要特征如下。

1. 政策扶持力度较高

美国联邦政府通过国家力量为渔业保险提供强有力的支持，以保证渔业保险经营的稳定性和可靠性。一方面，美国联邦政府给予商业保险公司经营补贴，其可以享受税收减免、业务补贴等方面的优惠政策。以2012年出台的优惠政策为例，联邦政府对商业保险公司因开展渔业保险而产生的费用提供10%的补贴，并全额承担新型渔业保险产品宣传费用，同时按照《联邦农作物保险法》的相关规定给予税收优惠。另一方面，联邦财政也对投保渔民提供保费补贴，一般来说联邦政府平均补贴比例占全部保险费用的30%～50%，且对巨灾保险进行全额补助。

2. 半强制的投保模式

1938年及后续修订的《联邦农作物保险改革法》规定，渔民的渔业保险投保情况与其他福利的获得相关。因此，渔业保险投保具有半强制性质。渔民拥有自主选择是否投保的权力，但如拒绝投保，将丧失巨灾保险的全额补贴、农村借贷以及农产品价格支持与保护等多项优惠政策。

3. 商业化保险市场

与其他国家政策性保险市场化程度偏低的常态相反，美国渔业保险受行政约束相对较小，经历了从联邦农业保险公司独立承担到联邦农业保险公司与商业保险公司共同承担再到由商业保险公司独立承担的过程，商业化程度较高。同时，美国也不再对再保险业务进行严格限制，政府通常依靠调整补贴比例、税收政策来引导保险市场的发展。

6.2.2.2 海上货物运输保险

美国的海上保险在国际海上保险业中占据重要地位，最早起源于1989年由美国海上保险人协会修订的美国协会货物保险条款。与英国的协会条款不同，经过

1949年、1966年两次修订后，美国货物保险条款依然采用单一货物保险条款的格式，直到2004年，美国海上保险人协会推出新的"2004年美国协会货物保险条款"（American Institute Cargo Clauses，AICC 2004），改变了原有的模式。

1. 承保责任分析

新的美国协会货物保险条款共分为四套，分别为"一切险"条款（All Risks，A/R）、"负责单独海损赔偿"条款（With Average，WA）、"单独海损不赔——美国条件"条款（Free of Particular Average-American Conditions，FPAAC）、"单独海损不赔——英国条件"条款（Free of Particular Average-English Conditions，FPAEC）。四套条款相互独立，提供不同的风险保障，以满足投保人多样化的保险需求，表6-3列举了四种条款承保的风险情况。

表6-3　2004年美国协会货物保险条款承保的风险事故

序号	承保风险事故	A/R	WA	FPAAC	FPAEC
1	单独海损全损	是	是	否	否
2	船舶搁浅/沉没/焚毁	是	是	是	是
3	爆炸	是	是	是	是
4	火灾	是	是	是	是
5	船舶碰撞/与水之外的物体触碰	是	是	是	是
6	船舶碰撞	是	是	是	是
7	避难港卸货	是	是	是	是
8	单独海损部分损失	是	是	否	否
9	攻击性盗窃	是	是	是	是
10	投弃	是	是	是	是
11	甲板集装箱落海	是	是	是	是
12	船长与船员的损害行为	是	是	是	是
13	航空器起降意外	是	否	是	是
14	航空器在机场以外着陆	是	否	是	是
15	航空器碰撞/失火/投弃	是	否	是	是
16	陆地运输碰撞/出轨/倾覆/意外/火灾/雷电/喷淋渗漏/龙卷风/地震/洪水/码头坍塌	是	是	是	是

序号	承保风险事故	A/R	WA	FPAAC	FPAEC
17	包裹装载/转运/卸载时全损	是	是	是	是
18	锅炉爆炸/轴承断裂/机器船体及零部件的潜在瑕疵	是	是	是	是
19	船长/船员/大副/工程人员/引水员的过失/错误	是	是	是	是
20	水上运输工具因政府采取避免/减轻污染的行为	是	是	是	是
共同条款	共同海损及救助费用	是	是	是	是
	卸货、存仓及续运费用	是	是	是	是
	消除品牌及商标的费用	是	是	是	是
	船舶互有过失碰撞条款的赔偿	是	是	是	是
	施救费用	是	是	是	是
	驳船费用	是	是	是	是

注：表内有底色的代表适用"近因原则"，无底色的表示适用"合理归因原则"。

在AICC 2004的四种保险险种中，所有险种均拥有"除外责任"和"首要担保"条款，除外责任可以理解为"基本除外责任"，首要担保为"绝对除外责任"，二者共同构成保险合同的除外责任。

2.法律条款特征分析

美国协会货物条款虽是在借鉴英国立法经验的基础上出台的，但其具有明显的独创性。首先，美国协会货物保险条款突破了传统海上保险承保范围，陆地运输碰撞、包裹装载时全损等陆地运输风险均被列入保险保障的范围，使得海上保险更加符合航海贸易运输的实际需要。同时，美国协会货物保险条款结构较为自由，各个条款相互独立，与英国协会货物条款严谨、统一的结构形成鲜明对比。

◆ 案例分析 >>>

美国法院审理"达姆达"轮火灾案

【案例正文】中国某外贸进出口总公司（以下简称原告）从某国进口价值为9 673 984.24美元的纸浆，由卖方通过租船人租用印度籍"达姆达"号散货船承运，于1984年12月18日从该国港口装运启航，首先驶往日本卸铜砂，然后驶往目的港中国大连。

1985年1月7日该轮在火奴鲁鲁港加油后前往日本。1月17日，船方发现第三舱冒烟，船长随即命令船员向舱内灌注部分淡水灭火，但无济于事。于是，船长命令船员向舱内泵入大量海水并决定返回火奴鲁鲁港避难。抵达火奴鲁鲁港后，船方宣布共同海损并委请了英国理算人。由于第三舱灌入大量海水，舱内纸浆开始膨胀，危及船舶安全，船方决定将第三舱货物卸下并对船舶进行检修，由于舱内纸浆膨胀及港口条件限制，卸货速度很慢，并出现复燃，于是船方采取在舱内定向爆破的方法以加快卸货速度，该轮在火奴鲁鲁港耽搁了近4个月，卸下大部分残货并对船舶维修后驶往日本。第三舱残货分别在火奴鲁鲁和日本拍卖，原告收回残值416 032.79美元。1985年6月4日，该轮抵中国大连港卸货，经检验又发现其他舱有部分货物水湿，货损金额为70 172.05美元，加上第三舱货损1 668 795.37美元，原告共损失1 738 967.43美元。

【思考题】基于美国协会货物制度，本次事故责任该如何分摊？

【要点提示】本案虽无美国的利益人参与，但根据属地原则，美国对此案有管辖权。根据美国海上货物运输法和海牙规则，承运人对由于火灾原因引起或造成的灭失和损害都不负责。法官认为船方为了共同安全注水灭火的措施是恰当的，故原告需支付共同海损费用。

6.2.3 海洋保险特色法律

6.2.3.1 美国海上保险免责条款分析

免责相关法律要求在签订合同时被保险人必须具有利益，或者在保险合同订立之后即可产生可保利益。如果双方在订立保险合同时，利益已经丧失，例如船舶、货物已经损毁，那么保险人不再对被保险人负赔偿责任。但如果保险合同明确规定"无论损失与否均在保险责任范围内"，那么保险合同依然有效。

美国现行的保险制度主要依托各州制定的法律，如果联邦海商法与州法均对同一事件进行规定，则优先遵守联邦法，但通常情况下二者差别不大。

6.2.3.2 美国海上保险代位求偿权分析

美国海上保险中的财产保险、责任保险适用于代位求偿原则，人身保险被认为是一种投资方式而非补偿方式，不适用于该原则。

在保险合同规定了免赔额的情况下，对于追偿所得的收益分配，英国、美国的做法并不相同。英国的常规处理是，赔款应全部归于保险人，当赔款到达赔付数额后，被保险人才能参与分配。而美国的常规处理是，除保赔或其他责任索赔请求所得赔款外，被保险人具有共同保险人身份，对所得的赔偿均有权按照比例分摊。相比之下，美国更加注意对被保险人权益的保护。

在不足额保险中，保险人按约定赔偿损失后，被保险人可以对未获得保险人保险赔偿的部分向第三者继续索赔，但对于获得的赔偿分配各国存在不同的见解。目前主要的观点分为三种：被保险人优先说，即追偿所得应先弥补被保险人的剩余损失，保险人可获得多余部分。比例受偿说，即追偿所得应在保险人与被保险人之间按比例分配。保险人优先说，即优先补偿保险人，剩余部分补偿被保险人。中国、德国、日本在司法实践中多采纳被保险人优先说，英国多采纳保险人优先说，而美国支持比例受偿说。美国认为在不足额保险下，被保险人未得保障部分应视为自我保险，保险人有权就追回的补偿按比例获得一定份额。在这种情况下，相当于被保险人自己承保了未投保部分，双方处于相等的地位，有权按承保比例分配所得。

6.3　日本海洋保险

6.3.1　历史沿革及现状概述

6.3.1.1　日本海洋保险的建立与发展

通常认为，日本海上保险的历史可以追溯到12世纪—13世纪，即在第二章中所提到的船货抵押借款，这种借贷模式从地中海沿岸传到日本，并在日本的航海运输中普及。1230年前后，罗马教皇禁止高额利息收入，船货抵押借款模式开始转化为保险契约。日本的"抛金"制度被认为是其国家海上保险制度的起源，"抛金"制度起源于日本江户时代的庆长元和年间，其本质是船货抵押借款的日本版本。"抛金"制度随着日本与亚洲各国开展朱印船贸易而流传开来，但后由于德川幕府实行闭关锁国政策，航海运输一度受阻，"抛金"制度也进入衰落期。

在江户时代中期，日本海上运输逐渐繁荣起来，由此催生了"海上承揽"的货物保险制度。"海上承揽"货物保险制度不同于现代的保险契约，但其采用了运输契约的形式，对日本海上保险的发展起到较强的促进作用。在江户时代末期，日本学者福泽谕吉将欧洲保险带到了日本，欧洲保险在明治初期得到日本学界的广泛关注，"海上承揽"货物保险制度也乘借东风，开始大范围推广，为海上保险的产生奠定了坚实的基础。1879年，日本第一个专业海上保险公司——东京海上保险公司正式成立，该公司是现在的东京海上日动火灾保险株式会社的前身。该公司成立初期仅运营海上货物保险业务，后来开始经营船舶保险、运输保险业务。日本岛屿国家的自然环境决定了其对海上运输极为依赖，海上保险则在这之中起到了基础性的支撑作用。自明治维新以来，日本海上保险得以飞速发展。以2013年为例，日本船舶保险保费规模845亿日元，海上货运险1 322亿日元，分别占全球市场的8.3%和8.5%。就国内市场来看，日本海上保险市场集中度较高，东京海上日动火灾保险株式会社、三井住友海上火灾保险株式会社、损害保险日本株式会社三家巨头企业的保费收入占市场总额的86%左右。

6.3.1.2 日本海洋保险的内容

日本渔船保险已有近百年的历史，1937年，《渔船保险法》正式实施。之后，《渔船损害补偿法》《渔船损害等补偿法》等法律制度陆续出台，并不断完善。1952年后，日本建立起以渔船中央会、渔船保险协会、渔民合作社为主体的多层级渔船保险互助组织体系。2017年，日本对渔船保险组织体系进行改革，全国45个渔船保险组合合并为"日本渔船保险组合"，并取代日本渔船中央会。

日本的渔船保险是强制性保险，政府为渔民提供财政补贴，且在补贴力度上向小型渔民倾斜，渔民生产规模越小，补贴力度越大，各类渔业保险保费补贴比例不同（表6-4）。渔船保险由普通渔船保险和特殊渔船保险两部分组成。日本的渔船保险对因战争等特殊原因造成的渔船损失也会提供保障，这类保险就属于特殊渔船保险的经营范畴，特殊渔船保险的再保险业务由中央政府负责；普通渔船保险负责对其他原因造成的渔船损失赔偿，其再保险业务由渔船保险中央会承担。目前，日本主要的渔船保险产品包括渔船保险（普通损害保险、满期储金保险）、渔船货物运输保险、渔船船主责任保险、船员人身意外伤残保险、冷藏货物运输保险等。

表6-4 日本渔业保险保费补贴比例

保险类别	生产规模	补贴比例
捕捞业保险	10吨以下的渔船	60%
	10～19吨的渔船	50%
	20～49吨的渔船	45%
	50～100吨的渔船	35%
养殖业保险	鱼类（饲养池8个以下）	50%
	鱼类（饲养池8～13个）	1/3
	鱼类（饲养池14～25个）	25%

保险类别	生产规模	补贴比例
特定养殖保险	扇贝贝类（木筏145个以下）	50%
特定养殖保险	扇贝贝类（木筏145～229个）	1/3
特定养殖保险	扇贝贝类（木筏230～450个）	25%
渔业设施保险	渔网（饲养池8个以下）	50%
渔业设施保险	渔网（饲养池8～13个）	1/3
渔业设施保险	渔网（饲养池14～25个）	25%

日本渔业保险的正式发展起源于1964年通过的《渔业灾害补偿法》。在保险种类上，包括捕捞业保险（细分为贝类捕捞保险、渔船捕捞保险和定网捕捞保险）、养殖业保险（细分为贝类养殖保险、鱼类养殖保险和赤潮灾害保险）、特定养殖保险（细分为藻类养殖保险、贝类养殖保险）和渔业设施保险（细分为养殖设施保险、渔具保险）。在经营架构上，渔业共济组织是日本渔业保险组织模式的主要框架，渔业共济组织包括全国性共济组合联合会和省级渔业共济组合。地方性渔业共济组合接受当地渔民的直接投保，之后向全国性的渔业共济组织进行再保险，政府则为全国性共济组织提供再保险保障。

6.3.2　主要保险类型

6.3.2.1　渔业保险

1. 具有强制性的三级保障体系

日本政府要求中小渔业捕捞者和养殖户必须投保水产养殖保险，水产养殖保险具有强制属性，其运营主体是全国渔业共济组合联合会。具体而言，日本渔业保险具有三级保障体系。首先，渔民作为会员参与村镇一级的渔业协会；其次，同一区域内多个村镇一级的渔业协会组成县级渔业共济组合，由渔业共济组合直接与渔民开展保险业务；最后，全国渔业共济组合联合会为各地的渔业共济组合提供再保险业务，再保险比例通常为85%。全国渔业共济组合联合会受日本农林水产省的监督。

2. 多方位政策扶持

日本政府对渔业保险业务的开展提供较为全面的扶持。在保费方面，政府直接为投保人提供保费补贴，补贴比例约为40%。在再保险方面，除了全国渔业共济组合联合会所提供的85%的再保险外，政府也为全国渔业共济组合联合会提供再保险支持，以分散巨灾风险。在运营费用方面，全国渔业共济组合联合会可获得包括办公经费、员工工资在内的运营支出费用补贴。此外，各类渔业共济组织还可得到延长贷款的信贷基金支持。

3. 渔业保险险种分析

目前日本主要的渔业保险包括捕捞业保险、养殖业保险、特定养殖保险、渔业设施保险四大类（表6-5）。在保障模式方面包括收入和物资损失两种衡量方式，保障范围较为广泛，基本涵盖了各类渔业生产风险。

表6-5 日本主要渔业保险介绍

种类	内容	保障方式	覆盖范围
捕捞业保险	以渔船渔业、定置渔业以及一部分贝藻类捕捞为对象，补偿因捕捞数量减少而造成的收入损失	收入保险	第1号渔业，贝藻类捕捞（鲍鱼、裙带菜、海带、天妇罗）；第2号渔业，渔船渔业，定置渔业
养殖业保险	以部分鱼类、贝类养殖业为保障对象，补偿因养殖水产动植物死亡、流失等造成的损失	物质损失保险	牡蛎养殖业、1~2年珍珠贝养殖业、1~3年鱼类养殖业、鲑鱼·鳟鱼养殖业、2~3年鱼类河豚养殖业、1~3年鱼类养殖业、2~4年渔业养殖业、鲭鱼养殖业、2~4年鱼类黑眼鱼养殖业、2~4年水产养殖业、海葵养殖业
特定养殖保险	以海苔、扇贝等特定的藻类、贝类等养殖业为对象，补偿产量减少、品质降低等原因导致的收入损失	收入保险	裙带菜养殖业、海带养殖业、珍珠母贝养殖业、扇贝养殖业、特定牡蛎养殖业、胡桃虾养殖业、海胆养殖业、扇贝养殖业
渔业设施保险	以养殖设施或定置网等渔具为保障对象，补偿其使用过程中因损坏等带来的损失	物质损失保险	浮流式养殖设施、打桩式养殖设施、木筏、渔网、定制网、篱笆网

6.3.2.2 渔船保险

1. 组织形式严密

按照《渔船损害等补偿法》的规定，日本渔船保险组合作为开展渔船保险业务的主体，该组合以垂直式的组织模式与渔业协同组合协调渔船保险事务，并根据业务开展情况向政府部门提出相应建议。日本渔船保险组合的最高权力机构为组合总代会，总代会代表由地域会员推选产生，同时，渔船保险组合在日本农林水产大臣的监督下运行。渔船保险组合在全国各地设有办事处，办事处接受渔船保险组合的行政命令，负责制定和处理各地区渔船保险合同，收集保险相关信息，在提高渔船保险保障范围、降低管理费用等方面起到了积极作用。渔业协同组合在渔船保险业务开展中起到中介作用，截至2022年，日本共有897个渔业协同组合，渔业协同组合分布在全国沿海地区，帮助渔业生产经营者签署渔船保险，并负责收缴保费和发放赔款，在渔民与渔船保险组合之间架起了桥梁。在再保险方面，日本渔船保险主要通过两条路径分散保险风险。首先，政府负责对普通损失保险、期满保险、渔船船主责任保险提供再保险。其次，渔船船主责任保险、游艇保险通过英国劳埃德保险公司办理再保险分保。

2. 主要险种分析

日本渔船保险种类较为全面，分为渔船保险、渔船船主责任保险、渔船船员船主保险、渔船载货保险和任意保险五大类（表6-6）。

表6-6 日本渔船保险承保范围介绍

保险类型		承保范围
渔船保险	普通损失保险	沉没、触礁（搁浅）、火灾等事故对渔船船体、轮机、设备等产生的损失以及救助渔船所发生的费用
	期满保险	与普通损失保险支付相同数额保险金的同时，在期满时与加入保险时的保险金额相等额
渔船船主责任保险		船舶相撞责任、相关财物责任及费用、相关人员责任及费用、其他、战乱等特约及渔船船员工资特约六个方面
渔船船员船主保险		船员在船上因意外事故死亡、下落不明或留下后遗症时的赔偿责任
渔船载货保险		因渔船事故，造成渔船上装载的渔获物和采购品的损失
任意保险	转载货保险	因渔船以外的船只在渔场运输渔获物过程中产生的损失
	游艇（游船）责任保险	总吨位不满5吨的休闲艇船（游艇、游船）的赔偿责任

6.3.3　海洋保险特色法律

海上航运业是日本的支柱产业，随着经济发展和科技进步，海上贸易活动日益活跃，海上保险法也需要不断调整以适应现代化海上贸易的需要。日本于2014年正式启动海上保险法的修订工作，经历四载，《日本商法》（修订版）于2018年正式实施。下面即以《日本商法》（修订版）的更新部分为主要内容展开分析。

6.3.3.1　告知义务分析

新修订的《日本商法》对告知义务的相关规定进行了大幅调整，与原本的"询问告知"不同，本次修订新增了"主动告知义务"规定。在之前的规定中，消费者对需要告知的"重要事项"并不了解，保险法将告知内容规定为"告知事项"，即保险人进行提问，被保险人如实回答即可。但在海上保险中，保险标的具有多样性，保险人往往难以对投保对象的现实情况进行确认，询问告知易导致"定型化"，因此新修订的《日本商法》借鉴《英国海上保险法》《法国保险法典》等的相关规定，增加了"主动告知义务"。"主动告知义务"体现了日本海上保险法与国际标准的融合，能有效避免国际纠纷。同时，该制度亦实现了海上保险法与海商法制的融合。

针对"主动告知义务"的新增规定，《日本商法》（修订版）对违反告知义务的法律责任进行了二次修订。其将原《日本保险法》中的"因违反告知义务合同解除"的规定变更为"因投保人故意或重大过失违反告知义务，保险人有权解除合同"。此外，如未告知事项与保险事故无关，则根据"因果关系"原则，保险人仍须对保险事故负赔偿责任。

6.3.3.2　危险变动特征分析

由于保险人所承保的"危险"水平存在可变动性，相应的保险责任会随"危险"水平的高低而改变。在原《日本保险法》中，对于"危险变动"的要求如下：对于"危险"减少的情况，法律规定被保险人具有保费减额请求权，可以向保险人要求减少保费；对于"危险"增加的情况，保险人应当事先预期一定范围的危险变动并计算出相应保费，如危险增加未超过一定范围，则暂不对保险费率进行调整，其被认为已在签约之初的保费中得到反映，如超过了一定范围，可对双方的对价进行合理的调整。综上，原《日本保险法》对"危险变动"的立场是，危险变动只限于告知对象的事项，其结果是保费发生变动。

日本在《日本商法》（修订版）中对"危险变动"进行了具体规定，明确了"以后免责""失效"的法律效果。例如，如果在保险生效之前改变航程，承保对象的基本情况发生了改变，在这种情况下，保险人不再承担赔偿责任。而如被保险人延误起航或持续航行等情况使保险标的面临的危险显著增加，保险人同样不负赔偿责任。但对于变更不能归责于投保人或者被保险人的情况，保险人应承担赔偿责任。此外，《日本商法》（修订版）删除了原《日本商法》中的"船长变更不影响合同效力"的确认性规范。综上所述，《日本商法》（修订版）中的危险变动规则能更好地适应海上保险运营的复杂性需要，而且对被保险人的要求更为严苛。

———• 本章小结 •———

本章以欧洲、美国、日本为例，介绍了海洋保险在国外的发展情况。在阐述过程中，首先，介绍了该地区的海洋保险历史沿革与发展现状，突出海洋保险发展的重要时间节点，并配合相关法制建设进行了介绍。其次，阐述了该地区海洋保险的主要保险类型，以典型的保险种类展现该地海洋保险的发展特色。最后，介绍该地区海洋保险法制建设的特点以及相关政策，从而为我国海洋保险的发展提供借鉴。

【知识进阶】

1. 与英国不同，美国以州为单位制定海洋保险法律法规，试分析其利弊。

2. 试分析美国的渔业保险模式对我国的借鉴意义。

3. 试将日本的渔业共济模式和我国的渔业互保模式进行对比。

7 海洋保险创新实践

> 知识导入：结合历史与时代背景，介绍我国海洋保险的运行模式，分析从传统模式到创新模式的转变，比较、阐述各发展模式的优势与缺陷，结合具体案例说明新发展模式赋予海洋保险的新动力。

7.1 海洋保险运行模式

7.1.1 传统模式

7.1.1.1 纯商业性渔业保险模式

20世纪80年代，中国人民保险公司与农业部合作率先开办水产养殖保险，早期在广东、湖南、湖北、江西等地进行试点，后推广至全国大部分地区。1983年农牧渔业部与中国人民保险公司联合发布的《关于开展国内渔船保险工作的通知》和1981年中国人民保险公司发布的《国内渔船保险条款》等文件为渔业保险的发展提供了政策上的支持与引导，随后渔船保险和渔业捕捞保险也逐渐发展起来。

根据联合国粮农组织的统计，1982—1995年，中国人民保险公司水产养殖保险的赔付率高达197%。由于渔业本身存在较高的自然风险和市场风险，渔业保险也面临着定损难、赔付高的问题，由于长期处于亏损状态，商业性保险公司不得不重新思考渔业保险市场布局，一时间相关保险业务迅速萎缩，多家机构纷纷退出渔业保险市场。

7.1.1.2 以渔业互保协会为主的保险模式

由于纯商业性保险模式无法克服高额赔付带来的亏损问题，20世纪90年代，我国渔业保险开始探索互助性渔业保险模式。1994年7月，经由农业部主管、民政部批准成立了中国渔船船东互保协会（2007年7月更名为中国渔业互保协会），在全国范围内开展渔业行业内的互助保险业务。渔民在签订互保合同后，即拥有保险人和被保险人的双重身份，一旦遇险可以通过理赔获得补偿。此后，渔业互助保险逐步取代商业性渔业保险的地位，成为中国渔业保险的主要经营模式。渔业互助保险的险种也日趋多样化，从单一的全损险渐渐发展到综合险、第三者碰撞险以及南沙、北部湾海域涉外责任险和油污责任险等附加险。而在雇主责任险方面，则增加了远洋渔船意外伤害和医疗险，并在逐步开办陆上渔业从业人员意外险、水产养殖险、渔业设施险等。为建立强大的渔业互助保险产业组织体系，中国渔业互保协会在众多省份或地区成立了办事处，河北、山东、江苏、浙江、福建、广东和宁波等主要沿海省（市）也陆续成立了地方性渔业互保协会，主要承揽本地区渔业互助保险业务。

渔业互助保险模式的产生有效弥补了纯商业性渔业保险经营主体压力较大、承保范围较窄、承保意愿不强的不足，有助于渔业保险模式的完善，其采用的"合作组织+行政辅助"运作模式有效地实现了政府、协会和协会会员三方的正和博弈。但同时可以看到渔业互助保险还存在着诸多发展困境，例如渔业互助保险的相关法律制度不完善、保障水平不足、缺乏技术创新、渔民投保积极性不高等问题，再加上海洋渔业高投入、高产出、高风险的特性，导致渔业保险模式不得不寻求新的突破。

◆ **拓展阅读** 〉〉〉

渔业互助保险系统体制改革①

2020年，农业农村部办公厅、中国银保监会办公厅印发的《农业农村部办公厅中国银保监会办公厅关于推进渔业互助保险系统体制改革有关工作的通知》指出，按照党中央、国务院关于加强金融监管维护金融安全和深化社会组织管理体制改革的总体要求，根据《中华人民共和国保险法》《农业保险条例》和《相互保险组织监管试行办法》，农业农村部会同中国银保监会研究确定了"剥离协会保险业务，设立专业保险机构承接"的改革总体思路，形成了渔业互助保险系统整体改革方案。整体改革方案分为中国渔业互保协会改革方案和有关省（市）渔业互保协会改革方案。方案指出，中国渔业互保协会牵头联合有关省（市）渔业互保协会发起设立具有独立法人资格的全国性渔业互助保险机构。该机构为专业性的相互保险组织，初始运营资金由中国渔业互保协会脱钩后和有关省（市）渔业互保协会以借款方式注入，接受中国银保监会的监管和农业农村部的行业指导。遵循"互助共济、服务渔业"的宗旨，开展渔业行业内的财产保险、责任保险、意外伤害保险、再保险等经中国银保监会核准的保险业务。中国渔业互保协会作为主要发起会员和借款人，参与全国性渔业互助保险机构的监督管理，履行法定及章程规定的义务，在

---

① 参考资料来源于中央人民政府门户网站。

符合保险监管规定后可收回借款本息，同时继续开展章程规定的其他业务。河北、山东、江苏、浙江、福建、广东和宁波等7省（市）渔业互保协会改革方案参照中国渔业互保协会制定。中国银保监会将在统筹考虑相关情况的基础上，对设立有关省（市）渔业互助保险机构依法进行审批，具体有两种形式：①对于地方协会满足专业性相互保险组织设立条件的，由中国渔业互保协会联合其共同发起设立具有独立法人资格的省（市）渔业互助保险机构，接受中国银保监会的监管、同级渔业主管部门的行业指导和中国渔业互保协会的业务指导。②对于地方协会不具备专业性相互保险组织设立条件的，直接转制成为全国性渔业互助保险机构的分支机构，由全国性渔业互助保险机构负责管理，接受当地渔业主管部门的行业指导和中国银保监会派出机构的监管。

渔业保险变革里程碑

相互保险社、保险合作社与相互保险公司

7.1.1.3 政策性渔业保险模式

政策性渔业保险是依托国家政策支持与政府财政补贴，对渔业生产者在生产经营过程中造成的财产损失或人身伤亡提供经济补偿的一种特殊形态保险业务，旨在通过政府主导的方式，为渔民减轻经济负担，全面提高渔业生产抗风险能力和渔业安全生产保障水平，具有低费率、广覆盖的特点。自2003年起，我国的相关法律文件开始涉及开展政策性农业保险工作的有关内容，2003年3月1日正式实施的《中华人民共和国农业法》指出，"国家逐步建立和完善政策性农业保险制度"；2004—2009年，中共中央、国务院在连续发布的6个中央一号文件中，要求稳步推进农业政策性保险试点工作，加快发展政策性农业保险。我国在有序开展农业保险试点与保费补贴工作的同时，政策性渔业保险也在一系列政策的支持与推动下有了较大的发展。

2006年《全国渔业发展第十一个五年规划（2006年—2010年）》指出，探索政策性渔业保险，研究确定渔业政策保险的性质、范围、经营原则、政策性与商业性业务的界定、经营主体的组织形式等，并选择有条件的地方开展试点，为政策性渔业保险的发展提供了指引与遵循。2008年农业部发布了《关于下达2008年渔业互助保险中央财政保费补贴试点项目资金的通知》，在全国选取7个重点渔区（山东、浙江、广东、江苏、海南、辽宁、福建）作为政策性渔业互助保险的试点区域，实施渔业保险补贴政策。通知文件的发布、项目的启动极大地促进了全国渔业互助保险工作的深入开展，保险保费补贴试点工作通过各级机构及人员的共同努力，取得了明显成效。目前，我国渔业保险补贴在全国范围内的普及程度迅速扩大，最高补贴强度达到60%。例如，海南省对渔民海上人身意外险和渔船险的补贴达到60%，其中省级政府补贴50%，市、县政府补贴10%。与此同时，从2009年开始，更多的法律文件和政策出台，明确了政府在渔业保险补贴中的作用。在中央及各省份的政策引导下，渔业保险补贴的经营主体已由中央、省级财政机构逐步转变为省、市、县三级财政机构。政策性渔业保险模式在我国支渔惠渔工作中发挥着重要作用，为我国渔业实现可持续发展提供了一张安全保障网。

7.1.2 渔业保险的创新模式

7.1.2.1 "保险+期货"模式

自2016年以来，我国中央一号文件连续8年关注"保险+期货"创新风险分散模式的发展，提出稳步扩大"保险+期货"试点，优化"保险+期货"模式，发挥"保险+期货"在服务乡村产业发展中的作用。在国家政策的带动下，各省份积极响应开展"保险+期货"试点工作。以海南省为例，2016年发布的《海南省人民政府关于促进现代渔业发展的意见》，提出要逐步探索将水产养殖保险纳入财政政策性农业保险范畴，试点"养殖点+银行+保险+气象指数"相结合的渔业保险产品；《2017年海南省农业保险工作实施方案》进一步提出，要探索建立巨灾风险分散机制，选择创新型保险产品作为试点，稳步推进"保险+期货"的试点工作。

"保险+期货"模式最早主要聚焦于农产品的生产与销售领域。大连商品交易所作为"保险+期货"模式的首倡者，积极引导期货公司、保险公司、商业银行开展"保险+期货"试点，产品类型覆盖了玉米、大豆等多种农产品。2019年，"保险+期货"模式已逐渐发展成种植养殖相结合、价格收入相保障、基本覆盖农户从种植到销售这一完整周期，在形成保障农户产量和价格双重风险的综合性农业保障体系的基础上，进行县域覆盖试点和分散试点，以县域覆盖试点为主的"农民收入保障计划"实现重点突破，推出了12个县域覆盖收入险试点样本。到2020年，在26个省区开展了132个"保险+期货"试点，整体预算较上一年增长约35%，县域覆盖项目、覆盖省份和试点个数均是历年最多，并重点面向52个脱贫攻坚挂牌督战县，立项支持了44个"保险+期货"扶贫项目，其中11个是种植类项目，33个是养殖类项目，涉及玉米、豆粕、鸡蛋等品种和生猪饲料，累计服务农户约20万户、建档立卡贫困户17.4万户，其中更有27个试点投保农户全部为建档立卡贫困户。

"保险+期货"的创新模式能够有效发挥其在抵御风险、保障农户收入方面的优势，对于帮助农户脱贫、促进农业发展具有重要作用。伴随着该创新模式在农产品领域的发展应用，"保险+期货"模式凭借其自身的独特优势也逐步开始进入渔业生产领域，为渔民的生产产量与价格收入保驾护航。类比于农产品领域"保险+期货"模式的开展，在渔业领域"保险+期货"的主要流程是渔业经营者从保险公司购买价格或收入保险产品，保险公司从期货公司风险子公司购买场外期权，期货公司风险子公司利用期货市场进行风险对冲。

◆ 案例分析 >>>

金融活水流向扶贫前沿——农业"订单+保险+期货"创新模式的成长记

【案例正文】洁白的棉花、金黄的大豆、火红的苹果，这绚丽多彩的颜色在祖国的壮丽山河上描绘出喜悦的丰收景象。然而这些靓丽的色彩映在不同人眼中却是有人欢喜有人忧。都说"谷贱伤农"，当普通消费者为高产量低价格的农产品雀跃时，从事种植业的农户却有可能因为市场供大于求导致的农产品价格下跌而蒙受损失；如果天公不作美，在种植过程中遇上寒潮暴雨等极端天气，更会直接影响产量，甚至颗粒无收。长久以来，辛勤劳作的农民只能用简单的人工抢险等方式挽救损失，甚至戏称为"靠天吃饭"。而今天针对这一问题，保险业在农户灾害赔偿和收入保障中发挥着越来越重要的作用，为实现乡村振兴和共同富裕提供助力。伴随着保险业务的发展，从单一的保险或期货工具，到两者的结合，再到"订单+保险+期货"的模式，农户生产风险再分配的保险"鞋履"越来越"合脚"，共同富裕的步伐越来越快。然而，作为保险模式创新支持农业增收的重要抓手，该模式的优势特征和运作机制对大部分市场主体来说却依然陌生，其市场活力亟待激发。因此，分析不同模式下主体角色定位和风险分担情况，探究金融工具在"保险+期货"模式下，帮助农户防灾增收、促进农业发展中起到的作用，这也有助于"保险+期货"运行模式的创新，更好地为"共同富裕"注入活水。

图7-1展现了我国"保险+期货"相关政策的创新发展历程，从2015年现货大豆购销协议的提出到2020年"订单+保险+期货"大豆价格保险的细化，我国"保险+期货"模式运用得更广、更细。2016年以来，"保险+期货"试点的范围不断扩大。位于黑龙江省中部的国家级贫困县海伦市，以盛产优质大豆闻名，作为国家重要的商品粮生产基地，海伦市的农业在2016年进行了一次结构大调整，以减玉米、增大豆、扩水稻、上特色为原则，玉米减到164万亩，大豆恢复到206万亩，另外还

有水稻82万亩，经济作物13万亩，全力打造"黑土硒都"。2017年在赵光农场采用了大豆"订单+保险+期货"新模式，2018年在海伦市和建设农场试运行了由合作社直接向南华期货股份有限公司购买保护农产品价格下跌的"场外期权"产品，2019年开展了海伦市大豆"保险+期货"试点项目，2020年海伦市大豆收入险再试点，组成一幅金融服务创新画卷。

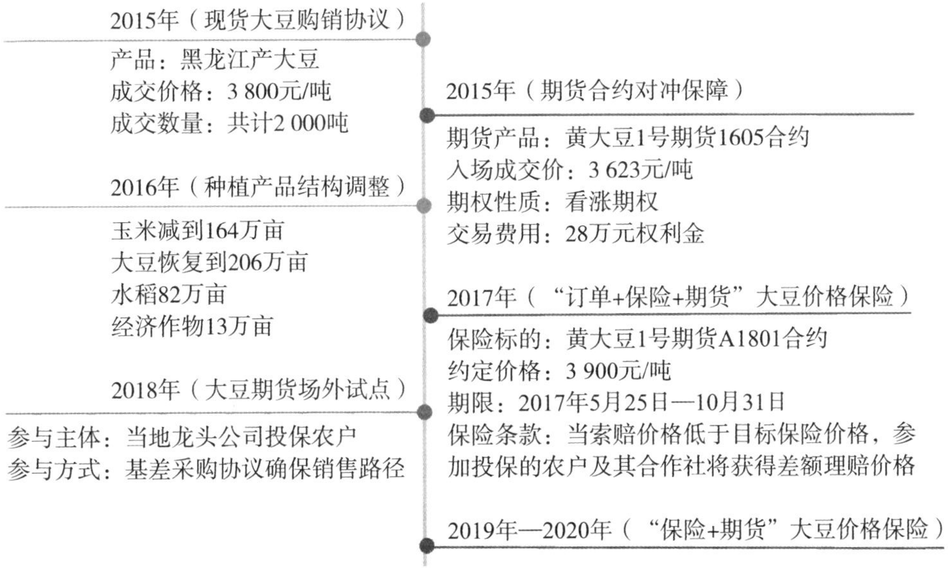

2015年（现货大豆购销协议）
产品：黑龙江产大豆
成交价格：3 800元/吨
成交数量：共计2 000吨

2015年（期货合约对冲保障）
期货产品：黄大豆1号期货1605合约
入场成交价：3 623元/吨
期权性质：看涨期权
交易费用：28万元权利金

2016年（种植产品结构调整）
玉米减到164万亩
大豆恢复到206万亩
水稻82万亩
经济作物13万亩

2017年（"订单+保险+期货"大豆价格保险）
保险标的：黄大豆1号期货A1801合约
约定价格：3 900元/吨
期限：2017年5月25日—10月31日
保险条款：当索赔价格低于目标保险价格，参加投保的农户及其合作社将获得差额理赔价格

2018年（大豆期货场外试点）
参与主体：当地龙头公司投保农户
参与方式：基差采购协议确保销售路径

2019年—2020年（"保险+期货"大豆价格保险）

图7-1 "保险+期货"相关政策的创新发展历程

1. "大脚"配"小鞋"——农户+合作社→期货市场

农户和合作社有着全方位的农产品金融服务需求，但此时的期货市场还不够完善，只有"小鞋"可以匹配部分农产品。海伦市大伟大豆种植农民专业合作社与海伦市成瑞工贸有限公司于2015年12月30日签订现货大豆购销协议，大豆为2015年新季黑龙江产大豆，成交价格为3 800元/吨，共计2 000吨。因担心大豆价格卖低，在签署购销协议后的第二天，大伟大豆种植农民专业合作社以黄大豆1号期货1605合约的入场成交价3 623元/吨作为未来3个月内二次点价的基准价格，向南华资本买入看涨期权，共支付28万元权利金费用。从买入看涨期权那天到2016年3月31日，黄大豆一号期货价格却一直弱势运行，其间收盘价一直低于约定的二次点价基准价格，大伟合作社放弃了二次点价的权利。

2. "小脚"穿"大鞋"——农户→保险公司→期货公司→市场

2017年，海伦市率先开展了"保险+期货"大豆价格保险，为农户提供更多的可供选择的大豆价格保险，主要保障范围包括黑龙江海伦市的近13 000吨农场大豆，覆盖面积超过70 000亩，其中双录乡、海北镇以及前进乡的77户贫困户和153户农户参与投保。保险产品以大连商品交易所黄大豆1号期货A1801合约（表7-1）为保险标的，所约定的价格为3 900元/吨，期限为2017年5月25日至10月底。合约A1801在9月和10月的平均收盘价格作为发生损失时的赔付价格（图7-2）。根据保险条款，如果索赔价格低于目标保险价格，参加投保的农户及其合作社将获得差额理赔价格。截至2017年10月底，按照期初商定的结算价格最终确定为3 782.97元/吨，农户所购买的保险产品最终按照117.03元/吨进行赔付，保险项目支付的赔偿总额约为15 214 000元，扣除农民自付保费后，农民净收入为97.2元/吨。

2018年，南海期货股份有限公司再次和海伦市进行合作通过兴农科技开展了大豆期货的场外试点项目，该项目主要通过场外期权合约的方式与农户签订更符合实际的期货合约条件，从而对农户农业进行一定的风险控制，在该项目中，当地龙头公司和投保农户率先签订基差采购协议确保销售路径。该项目最终为大豆种植户提供10元/吨的最低保障估价，覆盖大豆数量近1.5万吨，最终补偿金额为130.83万元人民币。

表7-1　黄大豆期货合约要素[①]

大连商品交易所黄大豆1号期货A1801合约	
交易品种	黄大豆1号
交易单位	10吨/手
报价单位	元（人民币）/吨
最小变动价位	1元/吨
涨跌停板幅度	上一交易日结算价的4%
合约月份	1、3、5、7、9、11月
交易时间	每周一至周五上午9：00—11：30，下午13：30—15：00，以及交易所规定的其他时间
最后交易日	合约月份第十个交易日
最后交割日	最后交易日后第三个交易日
交割等级	大连商品交易所黄大豆1号交割质量标准（F/DCE A001—2018）
交割地点	大连商品交易所黄大豆1号指定交割仓库
最低交易保证金	合约价值的5%
交割方式	实物交割
交易代码	A
上市交易所	大连商品交易所

[①] 参考资料来源于大连商品交易所官网。

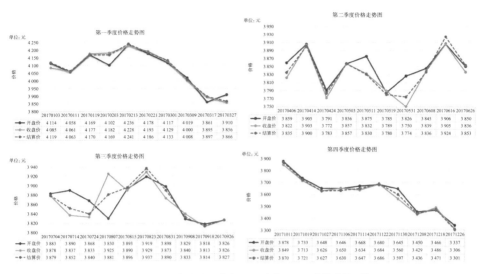

图7-2　2017年大商所黄大豆1号期货A1801价格走势图[①]

3.　"此脚"适"此鞋"——农户→订单→保险公司→期货公司→期货市场

海伦市在2019年实施"保险+期货"大豆收入险的县域全覆盖，以南华期货股份有限公司为主导，联合银河期货有限公司、新湖期货股份有限公司、永安期货股份有限公司、紫金天风期货股份有限公司等期货公司与阳光农业相互保险公司设计实施项目。南华期货股份有限公司采用3S遥感+手机APP+无人机技术，借助高科技和大数据进行测产，利用遥感、地理信息系统、全球定位系统（3S技术）及无人机抽查，对比承保区域发生灾害前后作物长势情况，综合分析判断灾害范围及损失程度，使灾害损失程度精确化，为定损工作提供技术支持。同时结合大数据分析历年以来不同地区相同时刻的产量，因地制宜设置分档的目标产量和费率，根据不同乡镇的地理位置、气候特点、生产条件等，科学合理地选择保险产品，使得县域覆盖项目更加合理并具有实际操作性。

2019年该项目累计投保大豆152.9万亩，涉及23个乡镇23 784户。种植大豆建档立卡贫困户3 883户实现全覆盖，面积近9.5万亩。赔付农户9 772.8万元，赔付率为145.21%。本次试点项目引入黑龙江省农业投资集团有限公司旗下子公司黑龙江省天仓粮油有限公司，采用基差采购模式。农户与黑龙江省天仓粮油有限公司按照事先约定的基差价格点价卖粮，充分发挥了期货市场价格发现和风险管理的特性，提高了农民自主售粮的主动性。为保障农民履约，农业投资集团有限公司为海伦市的

---

① 参考资料来源于大连商品交易所官网。

豆农提供保底价收购，使得农户的基本利益能够得到保证。公司通过金融市场上的对冲分散风险，提高自身风险应对能力，农户的收入也得到了保障，最终达到了共赢。在2019年国际贸易形式多变的情况下，基差收购模式有效实现了企业与农户的共赢。

2020年，农户参保收入保险的积极性有了很大改善，保费缴纳比例也较2019年项目增加了56.25%。在收入险的助力下，2020年2月海伦市正式脱贫摘帽。由黑龙江横华农业产业服务有限公司主办，南华期货股份有限公司协办的"大豆天下"网在同年8月正式开放，其在全省乃至全国设立了200个信息采集点，以国产大豆为主，采集一手大豆现货信息资讯，以原创文章的形式对外发布，涉及现货报价、产区一手数据、政策解读、新闻资讯、分析文章、考察调研、期现结合、策略报告等。同时兼顾境外俄罗斯、乌克兰非转基因大豆和美国、南美的转基因大豆的信息。"大豆天下"网将通过信息平台的推广，让整个产业链上、中、下游信息互通，是数字化技术助力"三农"问题的突出表现。

2021年，海伦市开始大力推行土地托管，托管保障险和托管履约保险两款保险产品也陆续上线。现在，托管已在农户、平台和银行之间形成了一个包含农资和农机服务的产业链。为补全产业链中粮食销售的短板，黑龙江农时农业科技发展有限公司与黑龙江金象生化有限责任公司签了"保底点价，走粮食银行和绿色通道"的四个专用玉米品种的5万吨潮粮合同，这就需要采用"保险+期货"模式。最终做到了"此脚"适"此鞋"。

【思考题】

1. 相比于传统保险模式，"保险+期货"模式是如何帮助农户转移与分散价格风险的？"合作社+期货"模式下，合作社通过在期货市场操作期货对冲农产品价格波动的风险，使得农户的农产品收购价格得到保障。同样是为农产品价格提供保障，保险的加入仅仅是为了"分一杯羹"，还是真正为农户的农业风险分散"添了一分力"？

2. 与"保险+期货"模式相比，"订单+保险+期货"模式中订单的引入发挥了哪些新功能？这种模式是如何为农户转移与分散风险的？其对于渔业保险的优化提供了哪些有益思路？

3. 根据"订单+保险+期货"的发展现状，分析现有模式仍存在哪些问题。

4. 随着保险业的发展和农业扶贫需要的变化，"保险+期货"模式不断被注入新的内涵，在共同富裕道路上发挥着越来越重要的作用。请结合案例思考保险之于社会民生的深层意义，分析其在调节贫富矛盾、贡献社会治理方面的重要作用。

【要点提示】

1. 相比于传统保险模式，"保险+期货"模式是如何帮助农户转移与分散价格风险的？"合作社+期货"模式下，合作社通过在期货市场操作期货对冲农产品价格波动的风险，使得农户的农产品收购价格得到保障。同样是为农产品价格提供保障，保险的加入仅仅是为了"分一杯羹"，还是真正为农户的农业风险分散"添了一分力"？

（1）相比于传统保险模式，"保险+期货"模式是如何帮助农户转移与分散价格风险的？

在传统农业模式中引入保险后，农户和保险公司的关系如下（图7-3）。

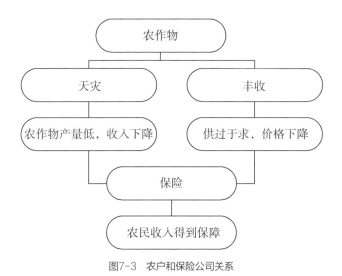

图7-3　农户和保险公司关系

大豆种植户通过投保中国人民财产保险股份有限公司的收入险，规避了大豆价格下跌或产量下降造成的减收风险，而这也使得保险公司面临着产量风险和价格风险，为了避免陷入这种困局，保险公司选择通过与期货公司达成场外期权合约实现价格风险的转移。如果未来发生了大豆价格下跌的情况，保险公司可以用在期权合约中的收益向农户进行赔付；期货公司则利用其在场内期货合约中的收益对冲在与保险公司期权合约中蒙受的损失。

农业是高风险行业，农业风险的存在严重阻碍农民生产积极性的提高和农业、农村的发展，对传统农业保险而言，系统性风险是"不可保"的，而价格属于系统性风险，"保险+期货"模式利用了期货市场的属性，开展双向交易进行风险对冲，进而锁定价格，达到变"不可保"为"可保"，实现保障农民收入的目标。

（2）"合作社+期货"模式下，合作社通过在期货市场操作期货对冲农产品价格波动的风险，使得农户的农产品收购价格得到保障。同样是为农产品价格提供保障，保险的加入仅仅是为了"分一杯羹"，还是真正为农户的农业风险分散"添了一分力"？

"合作社+期货"模式，农民自发组成或者由专门成立的合作社代替农户个体进入期货市场进行交易，通过期货市场操作对冲农产品价格变动风险。但这种形式受农民合作社的规模限制，难以降低交易成本。农产品价格保险则天然存在较大风险敞口，而且难以通过再保险进行风险对冲，导致保险业很少开办农产品价格保险；并且，目前我国农户直接参与期货市场存在认知能力、准入门槛、业务操作等诸多限制。以上原因导致农户参与成本高、参与度低，进而无法达到农户广泛受益的效果。

保险公司相对于由农户组成的合作社而言，对金融机构和市场更加熟悉，对农业保险也已经有所接触，专业性更强。"保险+期货"模式连接了期货与保险两个金融领域，保险公司承保农产品价格险后，可以在期货市场进行套期保值操作，从而将赔付风险转移出去，最终形成风险分散、各方受益的闭环。这样，农产品价格保险业务得以推行，农业经营者针对价格下跌风险有了新的规避途径，即向保险公司购买相关保险产品。

这种模式与最初的"合作社+期货"模式相比，一方面，充分利用了保险市场与期货市场相结合的优势，降低了农户的参与成本和准入条件；另一方面，保险企业可购买期货公司的看跌期权产品对承担的赔付风险进行"再保险"，降低保险企业的风险，有利于该模式的推广，扩大受益范围。充分利用了保险的保障功能以及期货市场的套期保值功能，对农作物生产者在农作物生产过程中面临的风险进行了转移。

"保险+期货"模式的创新之处还体现在，近年来在各大交易所的不懈努力下，陆续推出粳米、生猪等期货品种，进一步拓展了"保险+期货"模式的试点范围。同时，白糖、菜粕、豆粕、棉花等农产品场内期权的推出，为"保险+期货"试点的定价提供了更加公允的参考，降低了对冲风险的成本，促使"保险+期货"产品的费率明显降低，提高了各家期货公司和保险公司的参与积极性。

由此可见，保险公司的加入不仅仅是为了"分一杯羹"，还真正为农户的农业风险分散"添了一分力"。农产品"保险+期货"模式保障了农民和合作社的收入，为农民和合作社打造了一个全新的融资方式。在此基础上，农民可以将价格保险保单在银行进行质押贷款，此前农民、合租社贷款难的情况得到了有效缓解，这使得农民在种植生产中所面临的金融链条全数被打通，使得农民能够在全无后顾之忧的情况下，在新时代新金融的帮扶下，安心种植、稳定收益。在农民稳收增收的情况下，新农村建设进一步推进。

2. 与"保险+期货"模式相比，"订单+保险+期货"模式中订单的引入发挥了哪些新功能？这种模式是如何为农户转移与分散风险的？

在"保险+期货"模式中，尽管种植户通过与保险公司签订保险合同，转移了农产品价格变动的风险，避免了"谷贱伤农"的情况。但由于农产品的生产和种植是一个周期性、长期性的过程，这种模式也有着未锁定销路和未确定数量的问题。当没有确定的销路时，农户需要在农产品成熟前后临时寻找收购方，这一方面会存在时间成本，对于农产品这种对保鲜、储存要求较高的特殊商品而言，出售所需的时间长短尤其重要。若农产品从成熟后到出售前的这段时间过长，农户会承担过高的储存成本，或者质量下降带来的贬值会给农户带来不必要的损失。另一方面还存在着寻找交易对手和价格波动的交易成本，尽管这些成本在社会商品交换中普遍存在，但农产品通常规模较大、储存要求较高，而种植户在收获时又处于农忙时节，此时承担相应的交易成本无疑会加重种植户的负担。此外，通常农产品的种植量是由农户决定的，而大部分普通种植户作为单独的个体，难以根据农产品种植周期和市场需求对应当种植多少这个问题作出准确的判断，这也是市场调节滞后性的重要体现。此外，保险公司与农户签订保险合同时，也需要一个数量和价格基准作为合同数额的考量标准，当农户和保险公司都缺乏对相应农产品市场的专门调查和专业估计时，合同数额与价格的确定也成了一个难点。这就需要引入专门的农业公司，在"保险+期货"模式的基础上引入农业企业与"订单"，提前锁定销路、确定数量与价格。

3. 根据"订单+保险+期货"的发展现状，分析现有模式仍存在哪些问题。

（1）期货产品"众口难调"。"保险+期货"模式虽然帮助种植某种特定作物的农户锁定了农产品种植收入波动的风险，体现了精准扶贫精准到人的特点，但由于农户种植产品的差异性和多样性，设计出精确符合农户需求的农业保险业务产品的难度和成本也在增加，而如果只对某几种大规模作物进行期货交易，又难以将这种模式推广使用于精准扶贫的进程中。各省份城市之间并不能充分融合形成场外期货市场，达成规模效应。同时，由于我国场内期货市场目前还不够发达，自身并不能完全充分地满足实体经济的需求，多个参与主体间并不能充分融合资源，在期货合约设计方面还应继续完善。农产品种类数量不足、期货所提供的时间限制并不能包含整个种植周期，期货市场的广度和深度都有待加强和提高。

（2）保险销售"步履维艰"。由于农户是信息劣势方，获取信息相对困难，因此在监管不力时保险公司等信息优势方会作出不利于农户的行为。若保险公司保费过高，超出农户可接受的范围，农户会进一步降低其投保意愿。政府补贴是目前"保险+期货"模式不断发展的支柱，但是补贴的方式和补贴来源都还没有明确规定。大连商品交易所对"保险+期货"补贴的金额也逐年上升，从最初的0.2亿元到现在的3亿多元，这种模式一旦在全国推广势必需要中央财政和地方财政的补贴，财政负担压力巨大。只有通过相关宣传推广从本源上打消农户心里对于保险的疑惑，使农户自愿购买相关产品降低风险才是治本的方法。

4. 随着保险业的发展和农业扶贫需要的变化，"保险+期货"模式不断被注入新的内涵，在共同富裕道路上发挥着越来越重要的作用。请结合案例思考保险之于社会民生的深层意义，分析其在调节贫富矛盾、贡献社会治理方面的重要作用。

"保险+期货"模式的创新运用使农户通过保险形式间接参与金融市场分散农业生产风险，有利于保障农户收入，降低贫富差距。政府政策、保险公司、期货公司以及商品公司共同参与，引导贫困农户利用保险保障收入，助力脱贫。

7.1.2.2 "保险+信贷"模式

2009年，我国中央一号文件提出"探索建立农村信贷与农业保险相结合的银保互动机制"，而后支持发展"农业保险+信贷"模式的相关政策不断完善，2020年中央一号文件强调加快构建"银保担"风险共担的普惠金融服务体系，发挥"农业保险+信贷"模式的融资功能。"农业保险+信贷"模式将保险工具与信贷工具结合，能够解决农业产业融资困难的问题，从而更充分地发挥金融支农惠农的作用。

在实践过程中，国元农业保险股份有限公司在安徽省长丰县开发了基于综合险保障的银保合作信贷产品——"草莓种植信贷保险"。农户以投保保额作为担保，就可以从金融机构获得贷款，无须另外提供抵押物或保证。"农业保险+信贷"模式有效缓解了农业保险和农村信贷对农户的双重约束，实现了银行、保险公司和农户合作共赢。除了陆上农作物，"保险+信贷"模式同样针对深海养殖面临的风险进行了金融服务创新。

◆ **拓展阅读** >>>

全国首单"深海网箱养殖保险+信贷"创新农险项目①

为解决海水养殖抗风险能力弱的问题，2019年，太平财产保险有限公司烟台分公司研发了"保险+信贷"金融创新项目。此项目以有效浪高为保险责任，为长岛"弘祥海洋牧场长鲸1号"和"佳益178"两个国家级海洋牧场的深海智能网箱养殖提供了个性化保险方案，所提供的海水养殖浪高指数保险风险保障高达2 500万元，属于我国将遥感气象指标用于海洋保险产品方案的首次尝试。与此同时，该项目以保险产品为风险分散手段，联合恒丰银行等机构为企业提供600万元融资支持，成为全国首单"深海网箱养殖保险+信贷"创新农险项目。

7.2　海洋保险产品创新

7.2.1　指数型海洋保险产品

指数型保险突破了传统保险的束缚，将遭受的损失程度指数化，其不基于被保险人的实际损失，而是把预先设定的、触发灾害的参数（如台风等级、连续降雨量等）作为支付赔偿的依据。我国常见的水产养殖指数保险如下（表7-2）。

表7-2　2013—2020年中国水产养殖指数保险②

公司	地区	标的	承保风险	起始年份
中国人民保险集团股份有限公司	辽宁省大连市	海洋养殖	风力指数	2013
中国人民保险集团股份有限公司	山东省威海市荣成市	海藻	风力指数	2014
中国太平洋财产保险股份有限公司	海南省	海洋养殖笼	风力指数	2014
中国人民保险集团股份有限公司	辽宁省大连市	紫菜	风力指数	2015
中国太平洋财产保险股份有限公司	江苏省苏州市	蟹类	温度指数	2015
中国人民保险集团股份有限公司广西分公司	广西壮族自治区	牡蛎、白虾	风力指数	2015

① 参考资料来源于中国银行保险报。
② 参考资料来源于联合国粮食及农业组织。

公司	地区	标的	承保风险	起始年份
中国太平洋财产保险股份有限公司	辽宁省大连市	海参	温度指数	2015
中国太平洋财产保险股份有限公司	浙江省宁波市	紫菜	风力指数	2017
中国人民保险集团股份有限公司	浙江省宁波市	白虾	台风指数	2020
福建省渔业互保协会	福建省	海洋养殖	台风指数	2018
福建省渔业互保协会	福建省	海洋养殖	赤潮指数	2020
福建省渔业互保协会	福建省	大黄鱼	价格指数	2020
中国人民保险集团股份有限公司广东分公司 中国平安财产保险股份有限公司广东分公司	广东省	水产养殖	巨灾指数	2017
河北省渔业互保协会	河北省	扇贝养殖	风力指数	2016

7.2.1.1 指数型海洋保险产品优势分析

1. 保费定价更加科学

传统的渔业保险的纯费率厘定以长期平均损失率为参考确定保险费。但由于有关海洋渔业特别是水产养殖业的原始记录和统计资料不是十分完整，且难以准确收集和整理水产养殖产品的收获和损失数据，再加上每年水产养殖的损失波动比较大，造成费率厘定难度较大。

而指数型海洋保险打破了费率厘定时数据收集的限制，以各种灾害指数为参考，当指数达到预先设定的理赔触发标准时，投保人就可以获得相应标准的赔款。故其不再单纯依靠统计资料与数据确定保险费率，而是依据可量化的灾害指数，运用数理计算和模型构建等方式确定灾害参数的触发值，在保费厘定环节克服了传统的渔业保险损失数据收集困难、统计资料不完整等问题，使得保费定价更加科学准确。

2. 操作运营简单高效

渔业保险承保的保险标的一般是水中的生物，无论是承保还是查勘都会面临较大困难。同时，区别于陆地固着物的成长性和水体流动性，准确计算标的数量也比较复杂，再加上水产品价格受市场需求影响波动较大，这都在一定程度上增加了理赔的难度。

指数型海洋保险产品省略了对保险标的损失情况进行审核确定的环节，将保险从"出险—定损—赔付"三个环节简化为"出险—赔付"两个环节。该模式下风险因子直接与理赔挂钩，将触发约定的气象要素指标直接作为赔款依据。出险环节只需要考虑实际事件的客观参数，无须对投保人的个别情况进行甄别，理赔时无须逐户查勘定损，有效解决了保险理赔阶段定损技术难的问题，避免了与养殖户间因赔付标准意见不同而引发的各类纠纷，简化了保险流程，提高了保险服务水平和效率。同时，这也大大降低了核保和定损等运营成本，具有赔付标准客观透明、理赔快速的优势。

3. 有效防止道德风险发生

道德风险和逆向选择问题在任何保险行为中都存在，但传统渔业保险由于保险公司监督和获取信息的成本太高，道德风险和逆向选择问题较为突出。一方面是信息的分离及不对称性。投保人更清楚保险标的在特定环境中面临的风险，包括在风险发生后对具体损失情况的估计。另一方面是间接损失估测难度大。致灾风险的发生，除了造成保险标的的直接损失外，还会带来部分难以估测的间接损失。而对于这部分损失，赔不赔、赔多少，对于保险人来说都是难以解决的问题。此外，被保险人的风险管理措施也直接影响着损失情况和赔付额度。而如何判断被保险人是否应该采取对应的施救措施、什么程度的施救措施才是合理的，又是保险人定损中的难题。

指数型海洋保险的理赔触发条件与实际损失相分离，只与风力、降雨量、气温等一个或少数几个核心参数指标相关，被保险人的损失赔偿依据由保险标的的实际损失转变为灾害指数，有效解决了上述困扰。而为了减少实际损失，投保人会更积极地采取防灾防损措施，当客观指数触发设定的赔付指标时，可以最大限度地获得安全可靠的保障。同时，相关的灾害参数指标数据来源于气象平台或海洋与渔业局，数据来源客观可靠，因此指数型海洋保险可以在很大程度上缓解逆向选择和道德风险的问题。

7.2.1.2   典型险种介绍

1. 海水养殖风力指数保险

风力指数保险将台风造成的损失指数化，通过指数化台风的产品模式为被保险人提供保险赔偿。它不直接参照实际损失赔偿，而是根据事先约定的台风区域和台风级别作为理赔触发标准，一旦触发约定的赔偿标准，投保区域内所有被保险人均可获得统一标准赔款。

◆ 拓展阅读 >>>

獐子岛与中国人民保险集团股份有限公司达成战略合作开展风力指数保险①

2013年8月7日，獐子岛公司与中国人民保险集团股份有限公司签订了《战略合作协议》并确定了"风力指数"保险条款，承保海域为公司所在大连长海、山东长岛及山东荣成的增养殖海域，每年保费支出2 000万元，保险金额为4亿元。獐子岛于2011、2012年曾受四场台风影响，对公司的生产经营造成了较大的影响。由于大连、山东等沿海是自然灾害频发地区，台风、风暴潮、浮冰、污染、病害等灾害严重威胁水产养殖的安全。2007年"3.4风暴潮"、2009年中石油水域污染、2012年严重海冰灾害均对水产养殖行业造成重创，相关资料显示仅"3.4风暴潮"造成的经济损失就高达5.83亿元。

此次协议的签订，将有利于提高獐子岛海水养殖的风险防范能力，降低自然灾害风险造成的财产损失，保障增养殖海珍品资产的安全。此次条款中的风力指数保险是中国人民保险集团股份有限公司专门为獐子岛量身定制的以风力指数作为承保理赔依据的创新型保险产品。作为国内签出的风力指数型水产养殖保险第一单，獐子岛与中国人民保险集团股份有限公司的合作将为公司的海洋牧场防灾减灾及遭受重大灾害后尽快获得资金援助、恢复生产提供强有力的保险保障，也是对海产品养殖业保险问题的一次有益创新与探索。

◆ 拓展阅读 >>>

福建省渔业互保协会适时推出台风指数保险②

福建省是我国的海洋大省，拥有3 752千米海岸线，居全国第二位，海域面积13.63万平方千米，滩涂面积约20万公顷。据统计，福建省海水养殖业因台风造成的灾害损失占所有损失的60%以上，2019年台风造成的渔业直接经济损失就达到1.4亿元。福建省靠近台风发源地西北太平洋，是我国遭遇台风袭击较多的省份，每次台风袭击都会造成水产养殖业的重大损失。不同海水养殖模式容易遭受的风险

---

① 参考资料来源于獐子岛官网。
② 参考资料来源于中国新闻网。

种类及其造成的损失严重程度各不相同，其中，浮筏、网箱、吊笼等养殖模式最易受到台风的影响且损失程度大。据不完全统计，仅2016年，三场超强台风给福建水产养殖业造成了16.07亿元的损失。福建省渔业互保协会针对这一情况，推出了"台风指数保险"。台风指数保险以一个台风季为保险期限，在福建海岸线一带设置了长达160千米范围的触发线，当台风行经路线穿过设定的触发线，且台风风速达到约定标准时，不管现场损失与否，都将根据对应标准进行赔付。

2017年，福建省首笔"台风指数保险互保协议"签约仪式在诏安举行，6家养殖户现场签单，签单总保费20.9万元，共为1 900平方米养殖网箱提供高达380万元的风险保障，水产养殖台风指数保险在福建的全面推广工作正式启动。台风指数保险以双方共同参与确认的诏安地区所属养殖基地的养殖水产为保险标的，保险期间内，当投保地理区域遭遇本互保协议提及的台风事件时，视为发生保险事故，协会按照本互保协议的约定进行赔偿。现阶段，养殖户在投保海产养殖台风指数保险时只需自缴保费的70%，另外30%由省级财政补贴承担，进一步减轻了养殖户的投保负担。同时渔业互保协会的工作人员还将窗口前移，每当台风季到来前夕，都会到各个渔区设置办公点，方便渔民办理业务，多措并举，打通了服务渔民的"最后一公里路"。

风力指数保险将风力等级对投保标的损害程度指数化，保险合同以这种指数为基础，将可以有效解决水产养殖保险保额确定和理赔定损困难的瓶颈问题，能够克服定损技术缺陷，提高操作运营效率，能够更有效地规避逆向选择和道德风险、减少运营成本，缩短赔偿周期。

2. 海洋碳汇指数保险

海洋是除地质碳库外最大的碳库，其中海洋生物固碳是海洋固碳的重要方式之一。随着全球环境和气候问题日益突出，发展蓝碳经济已成为实现碳达峰、碳中和的重要方式。海洋碳汇指数保险结合海洋碳汇消融风险，以海水年均颗粒有机碳含量为衡量标准，以因特定海洋环境变化造成的碳汇减弱事件为保险责任，充分保障保险标的固碳的生态效益和经济价值。

◆ **拓展阅读** >>>

中国人寿财产保险股份有限公司山东省分公司签订国内首单海洋碳汇指数保险[①]

2022年5月7日，中国人寿财产保险股份有限公司山东省分公司与山东荣成椿岛水产有限公司签订的全国首单海洋碳汇指数保险合同正式生效。作为开展绿色金融创新，推动区域性碳汇价值多元转化、助力碳中和目标实现的全新探索，在总公司大力支持下，综合国内外海草床碳汇的最新研究成果，经威海市政府、行业、科研等领域多方论证，参照海草床碳汇能力、碳汇市场交易价格等依据，分公司量身定制了海草床碳汇指数保险方案。山东作为海洋大省，在发展海洋碳汇方面具有得天独厚的优势，该险种的成功落地和后续大面积推广，将有效化解海草床灾害风险，解决灾后海草床碳汇资源救助、灾后重建和养殖维护资金短缺的问题，进一步推进海洋碳汇市场化进程。

◆ **拓展阅读** >>>

全国贝类碳汇指数保险再次落地威海[②]

继全国首单海草床碳汇指数保险2022年5月初在威海落地后，6月24日，中国人寿财产保险股份有限公司与威海市文登区牡蛎养殖研究协会、山东灯塔水母海洋科技公司签订的保险合同正式生效，全国贝类碳汇指数保险再次落地威海。该险种以牡蛎为保险标的，以牡蛎的产品价值、储碳价值、释氧价值等碳汇经济价值作为补偿依据，以牡蛎因特定海洋环境变化造成的碳汇减弱事件为保险责任，充分保障牡蛎固碳的生态效益和经济价值。参保的800亩牡蛎因特定海洋环境变化造成的碳汇和产业损失，中国人寿财产保险股份有限公司最高可给予160万元的风险补偿。

贝类碳汇指数保险险种的开发，填补了海产品养殖碳汇指数保险的空白，使贝类养殖这一绿色产业获得了海洋碳汇和生产经营双重风险保障。有了保险保障，当牡蛎遭遇保险合同约定的灾害造成保险牡蛎受损时，视为保险事件发生，损失补偿可用于灾后牡蛎养殖产业恢复、牡蛎碳汇资源救助等生产活动，以保障牡蛎的生态效益和经济价值。同时，开展海水养殖海洋碳汇指数保险可提高海水养殖企业经营海洋积极性，加强渔业资源培育，提高海洋固碳能力、为蓝碳经济的快速推进提供助力。

---

① 参考资料来源于央视网。
② 参考资料来源于中国银行保险报网。

◆ 拓展阅读 >>>
全国首单政策性海洋碳汇保险产品落地烟台①

政策性海洋碳汇指数保险是太平财产保险有限公司在烟台黄渤海新区政府主管部门的指导下，结合海洋碳汇消融风险，以海水年均颗粒有机碳含量为衡量标准，落地全国首单政策性贝类海洋碳汇指数保险产品。此险种能够有效衡量投保海域实际碳汇储量增减程度，保险赔偿也会继续用于提升海洋有机碳含量，维护和改善海洋生态系统，恢复和提高海洋固碳能力和应有的固碳水平。

3. 赤潮指数保险

水产养殖赤潮指数保险将赤潮造成的损失指数化，以海洋与渔业局发布的赤潮监测信息为理赔依据，保障标的为被保险人在保单中载明的投保养殖区域内投入生产且管理正常的水产品。其保险条款根据赤潮类别和强度设置了不同的赔偿标准，在保险期间内，当投保的水产品所在养殖区域遭遇约定的赤潮事件时，视为保险水产品发生保险事故，保险公司按照约定标准进行赔偿。

◆ 拓展阅读 >>>
福建省渔业互保协会首推海水养殖赤潮指数保险②

2020年4月，福建省渔业互保协会正式推出福建省海水养殖赤潮指数保险。该险种采取指数化的理赔方式，无须现场查勘，渔民只需通过福建省海洋与渔业局官方网站发布的赤潮监测信息，根据赤潮面积和赤潮属性，即可快速获得保险赔款。福建省渔业互保协会在平潭综合实验区与莆田南日镇渔业养殖海域开展赤潮指数保险，对保险单中载明的投保地理海域内，投入养殖生产且管理正常的水产品进行承保，每份保费85元，只要符合赤潮指数标准，就可获得1 000元保险金额，投保人可根据养殖成本的不同选择投保份数。目前，该赤潮指数保险预计可以为这两个区域内的海水渔业养殖户提供1 200万元的风险保障。

福建省推出的海水养殖赤潮指数保险是我国农业保险领域专门承保海洋赤潮灾害的首款创新产品，该保险险种的实施将为福建省渔区渔民防范海水养殖赤潮风险迈出重要一步，为水产养殖户应对赤潮风险撑起"保护伞"，对于保障渔民生产、促进渔区和谐稳定具有重要作用。

---

① 参考资料来源于中国（山东）自由贸易试验区烟台片区网。
② 参考资料来源于中国渔业互保协会官网。

7.2.2 综合型海洋保险产品

创新型海洋保险产品为海洋产业发展提供了更加全面可靠的保障方案，同时也使得渔民日益多样化的需求得到了更充分的满足。海洋产品推陈出新以及创新模式的转变也使险种的保险责任更加全面、覆盖范围更加广泛。综合型海洋保险产品能够更好地弥补保险责任较为单一的险种的不足，从而有效发挥抵御生产风险、保障渔民收入方面的优势。

◆ **拓展阅读** >>>

全国首单政策性综合指数保险产品落地烟台①

2022年7月，全国首单政策性综合指数保险产品在烟台黄渤海新区发布并签约，政策性海产品综合指数保险是首次将高温指数和有效波高指数同时作为保险责任进行设计的创新型保险产品，其保险责任全面，能有效覆盖海参、蛤蜊、斑石鲷等主要海产品。政策性综合指数保险兼具"渔业保险"和"指数保险"双重属性，弥补了单一指数保险责任无法满足综合性养殖企业需求的不足，为海产品的生产提供了更加充分全面的保障。

————· **本章小结** ·————

本章介绍了我国渔业保险的改革历程，比较分析了传统模式的局限性及创新模式的优势。通过介绍指数型保险产品，展现了渔业保险市场的最新进展。

【**知识进阶**】

1. 渔业指数保险的理赔机制是如何发挥对渔户进行损失补偿的作用的？

2. 指数保险不直接与实际损失挂钩，会导致赔付额和实际损失不完全匹配。农户可能得到高于或低于实际损失的赔偿，产生基差风险。是否有方法尽可能减小天气指数保险的基差风险？

3. 渔业指数保险的推陈出新和相关试点工作在社会民生领域发挥着越来越重要的作用，请思考渔业指数保险对共同富裕目标的实现有何深刻意义。

———————

① 参考资料来源于中国（山东）自由贸易试验区烟台片区网。

8 海洋保险原则

> 知识导入：本章首先介绍了保险的四项基本原则，即最大诚信原则、可保利益原则、近因原则、损失补偿原则的含义、内容、意义。其次，以经典案例的形式展现了基本原则在海洋保险中的实践运用，并以思考题的形式启发读者思考。

8.1 保险的基本原则

海洋保险险种覆盖面广，涵盖了财产保险、人身保险、责任保险等多类险种，与其他保险一样，海洋保险需要遵循保险合同的基本原则：最大诚信原则、可保利益原则、近因原则、损失补偿原则。但保险基本原则在解决海洋保险问题时，有其特殊要求，本节着重对基本原则在海洋保险中的应用进行具体阐述。

8.1.1 最大诚信原则

8.1.1.1 最大诚信原则的含义

最大诚信原则最早便起源于海上保险。在海上保险经营中，保险人常常与保险标的、投保人处于异地，无法对保险标的进行现场勘探，难以得知保险标的的真实状态，由此投保人的如实陈述、恰当行为便尤为重要。最大诚信原则诞生于早期海上强国——英国，英国《1906年海上保险法》第十七条明确规定："海上保险合同是建立在最大诚信基础上的，如果任何一方不遵守最大诚信原则，另一方就可宣告合同无效。"

简单地讲，最大诚信原则即要最大化地讲诚信、守信用。最大诚信原则的基本含义是：保险双边在签订和履行保险合同时，必须以最大诚意，履行自己应尽的义务，互不相互欺骗隐瞒，恪守合同认定与承诺，否则保险合同无效。

最大诚信原则设立的目的旨在维护保险双方的合法权益，保证保险合同的顺利履行，该原则对保险双方当事人均适用。由于保险合同条款专业性较强，被保险人往往无法准确全面地理解合同内容，由此便需要保险人秉承最大诚意，向被保险人解释合同内容，从而有效保障被保险人的利益。同时，对于保险人而言，特别是在海上保险中，保险人通常无法直观了解投保对象的真实状态，难以对其风险水平作出判断，由此便需要被保险人在最大诚信原则的指导下如实告知。

8.1.1.2 最大诚信原则的基本内容

最大诚信原则所涵盖的内容主要有告知、保证、如实说明、弃权与禁止反言。

1. 告知

告知是被保险人的义务范畴，是指在订立保险合同时，被保险人应将自己知道或应该知道的重要事项向保险人如实陈述。告知目前已被各国法律明确规定，《中华人民共和国海商法》第二百二十条规定："合同订立前，被保险人应当将其知道的或在通常业务中应当知道的有关影响保险人据以确定保险费率或者确定是否同意承保的重要事项，如实告知保险人。"以渔业保险为例，养殖品种、养殖规模、养殖条件等重要事项均属告知的范围，投保人需将真实情况向保险人如实陈述。

所谓重要事项，《中华人民共和国保险法》第十六条第二款是这样规定的："投保人故意或者因重大过失未履行前款规定的如实告知义务，足以影响保险人决定是否同意承保或者提高保险费率的，保险人有权解除合同。"由此可见，重要事项是指能影响保险人是否承保或承保条件的事项。

从告知的类型来看，告知可以分为无限告知和询问告知。询问告知是指被保险人只需如实回答保险人提出的问题，告知范围以询问为限。无限告知对告知的内容并未具体规定，任何与保险标的危险状况有关的重要事实，投保人均有义务告知保险人。询问告知目前在保险实践中较为普遍，但在海上保险中，各国大多选择将无限告知作为被保险人的义务，英国、日本目前均采用此形式。

2. 保证

保证是被保险人或投保人对保险人所做的承诺，即投保人或被保险人对某一事项作为或不作为，某种事态的存在或不存在作出的承诺或确认。保证与告知不同，告知强调的是对过去事实真实性的陈述，而保证是对未来行为的担保。例如在海上货物运输保险中，被保险人向保险人承诺5月2日起航，而实际的起航时间为5月1日，则属于违反了保证原则。

从保证的存在形式上看，保证可以分为明示保证和默示保证。明示保证是以书面的形式在合同中进行明文规定，使之成为保险合同的条款。目前明示保证是保证的主要存在形式，被保险人应严格遵守保证义务。例如，在海上运输保险实践中，保险合同中明确规定："被保险人承诺合理包装运输货物，以减少运输途中碰撞损毁。"但当货物到港时，却发现货物因包装简陋造成严重损毁，保险人便可以以被保险人违背保证义务为由拒绝赔偿。默示保证指不在保险合同中明确规定，但被保险人应当作为或不作为的行为已被认定为习惯或社会公知的保证。默示保证无须记载在保险合同中，船舶适航适货保证、不得绕航保证、合法航行保证便是海上保险中的典型默示保证。默示保证虽未明确注明，但与明示保证具有相同的法律效应。

3. 如实说明

如实说明是指在订立保险合同之前，保险人应主动向被保险人说明合同主要内容，尤其是对被保险人影响较大的免责条款、退保金等内容。《中华人民共和国保险法》对如实说明义务的规定为"订立保险合同，采用保险人提供的格式条款的，保险人向投保人提供的投保单应当附格式条款，保险人应当向投保人说明合同的内容。对保险合同中免除保险人责任的条款，保险人在订立合同时应当在投保单、保险单或者其他保险凭证上作出足以引起投保人注意的提示，并对该条款的内容以书面或者口头形式向投保人作出明确说明；未做提示或者明确说明的，该条款不产生效力"。

目前如实说明具有明确列明和明确说明两种形式。明确列明是指相关条款内容在合同中列明即可。在国际保险市场上，明确列明是主流的如实说明做法，但我国目前采用的仍然是明确说明的形式，即除需要将相应条款在合同中列明之外，保险人还应对合同的重要内容和免责条款在口头上进行充分解释，保证被保险人清晰理解合同内容。

4. 弃权与禁止反言

弃权是指一方当事人放弃其在保险合同中的某项权利，包括抗辩权、解约权。禁止反言是指如合同一方当事人已经放弃其可以在合同中主张的某项权利，之后便不得再向另一方主张该权利。从概念角度来看，弃权与禁止反言的主体可以是被保险人或投保人，也可以是保险人。但在保险实践中，该规定主要用于约束保险人，防止保险人滥用权力，有利于保险合同双方权利义务关系平衡。

8.1.2 可保利益原则

8.1.2.1 可保利益原则的含义

可保利益原则是保险业的基本原则。可保利益是指投保人或被保险人对保险标的所具有的法律上承认的经济利益，这种经济利益因保险标的的完好、建在而存在，因保险标的的毁损、伤害而受损。可保利益原则要求保险合同以投保人或被保险人对保险标的具有可保利益为前提，不具有可保利益的保险合同无效。在海上运输保险、船舶保险、水产养殖保险等以物为保险标的的海洋保险中，可保利益来源于人与物的关系，包括对财产的所有权、经营权、使用权、承运权、抵押权等，且可保利益大小由保险标的的实际价值决定，被保险人只能以实际价值为限进行投保。在渔民意外伤害保险、海上旅客人身意外伤害保险等以人的身体为保险标的的海洋保险中，可保利益来源于人与人的关系，包括人身关系、亲属关系、雇佣关系、债权债务关系等，可保利益大小由被保险人的缴费能力和实际需要而定。

可保利益原则对海洋保险具有重要意义。首先，可保利益原则规避了赌博行为的发生，没有可保利益的投保行为与赌博无异。其次，可保利益原则能有效防范道德风险，以人身保险为例，如投保人与被保险人不具有可保利益，则极易引发"伤人骗保"等保险欺诈行为。最后，可保利益原则限定了保障额度，在约定事故发生后，被保险人只能以可保利益为限获得赔偿。

8.1.2.2　海洋保险保利益的构成要件

1.可保利益必须是经济上的利益

与其他保险险种的要求一致，海洋保险可保利益须能以货币价值衡量。只有可保利益得以货币价值衡量，才能据此确定保障额度，并在出险后按实际损失情况赔付。如精神损失、信仰愿景等难以用货币价值衡量的损失便不能进行投保，但对于艺术类等价值波动较大的物品，可以采用定值保险的方式进行投保。

2.可保利益必须是合法的利益

法律认可是可保利益存在的先决条件。如投保人或被保险人对投保物之间的利害关系不符合法律规定，保险公司不得承保。即使已经承保，所签订的保险合同也属无效合同。例如在海上平台公众责任保险中，如因被保险人违反海上平台运营相关法律规定，违规作业，由此造成的损失保险人不予赔偿。

3.可保利益需是已经确定或能够确定的利益

投保人对保险标的的利益须是已经确定或是能够确定的，即包括现有利益与预期利益。在船舶保险中，被保险人对船体的所有权即为能够确定的利益，或者是在海上运输保险中，货物的预期利益被认为能够实现，也被认为是可保利益。

8.1.2.3　可保利益原则在海洋保险合同中的适用时效

可保利益原则在海洋保险合同中的时效要求具有特殊性。与传统财产保险一致的是，在水产养殖保险、船舶保险等险种中，可保利益原则要求投保人不仅在投保时须对保险标的具有可保利益，在灾害事故发生后，同样也须具有可保利益，否则保险合同无效。以水产养殖保险为例，安华农业保险股份有限公司在河蟹养殖保险条例中规定"保险事故发生时，被保险人对保险河蟹不具有保险利益的，不得向保险人请求赔偿保险金"[①]。如养殖户在投保期间将养殖产品出售给第三者，而后第三者在养殖期间发生灾害事故，则认定投保人不具有可保利益，保险人无须赔偿损失。基于海上贸易和海上运输长周期、流动性的特点，国际上通常规定海上运输货物保险在投保时可以不具有可保利益，但当风险事故发生时须具有可保利益。

8.1.3 近因原则

8.1.3.1 近因原则的含义

英国在《1906年海上保险法》中对近因原则界定如下："除另有约定外，保险人只对属于承保风险的近因负赔偿责任。"近因原则是判定事故与损失之间因果关系，从而明确保险责任的一项基本原则。近因，简单地讲，就是导致损失最主要、最直接的原因。现实中保险标的受损通常有多种多样的原因，保险责任的清晰划分始终是一个难题。近因原则规定在损失发生后，须首先判定事故近因，即找出引发事故的最主要、起支配作用的原因。如近因属于保险责任范围，则保险人按约定进行赔付；如近因不属于保险责任范围，则保险人无须赔付。

8.1.3.2 近因的判定

1. 单一原因构成的近因

单一原因造成保险标的损失的判定较为简单。若该单一原因属于保险责任范围内，则保险人承担赔偿责任；若该原因属于除外责任或不保风险，则保险人不予赔偿。我们来看一个案例。

某船舶投保了海上货物运输保险平安险，运输途中因途径国家发生战乱，被无端扣押，导致货物无法及时运抵。一段时间后，船舶获准放行，但又在航行途中因意外触礁搁浅，造成船体和货物受损严重。

本案例中，战争风险是造成船舶扣押、延误运输时间的唯一原因，但战争风险不属于平安险的责任范畴，保险人不予赔偿。船舶后续的搁浅事故及损失属于保险责任范围，保险人需按约定赔付相应损失。

2. 多种原因构成的近因

一是多种原因同时发生。如果全部原因均属于保险责任范围，那么保险人承保全部损失；如果全部原因均不属于保险责任范围，那么保险人不承担损失。但如果有一部分原因属于保险责任范围，那么仅当该部分原因是造成事故发生的近因时，保险人才承担赔付责任。

---

① 参考资料来源于安华农业保险股份有限公司官网。

二是多种原因连续发生。如果损失是由一种以上原因连续发生所引起的，且各种原因之间存在链式因果关系，即最初的原因导致了后续一系列事故的发生，则将前因认定为近因。以近因是否属于保险责任范围内为依据判定保险人是否承担赔偿责任。

三是多种原因间断发生。如果损失是由一种以上原因间断发生引起的，在过程中，一种新出现的、独立的原因介入，导致损失事故的发生，则该新介入的原因被认定为近因。如近因属于保险责任范围内，则保险人进行赔偿，否则不予赔偿。

8.1.4 损失补偿原则

8.1.4.1 损失补偿原则的含义

损失补偿原则是指保险合同生效后，如发生保险责任范围内的损失，被保险人有权按照合同约定，获得全面、充分的赔偿。海洋保险合同是补偿性合同，损失补偿原则是补偿性的充分反映。从海洋保险本质来看，保险是以转移风险、弥补损失为目的的经济活动，被保险人应获得充分补偿。从应用要求来看，损失补偿原则的运用必须满足保险人对保险标的具有保险利益、被保险人遭受的损失在保险责任范围内两个基本条件。

损失补偿原则的含义可以从两个方面进行分析。第一，"有损失，有赔偿"。海洋保险订立的目的即为转移风险，被保险人以保费为代价将风险转移给保险人，当保险合同约定的损失事件发生时，被保险人有权获得相应补偿。第二，"损失多少，赔偿多少"。保险不应以盈利为目的，被保险人不得因为保险行为而获利。因此，保险人对被保险人损失的赔偿建立在实际损失的基础上，超过实际损失的部分保险人不予赔付。保险人对被保险人的损失赔偿限度以保险金额、实际损失、保险利益三者中较小的部分为限。但需要指出的是，由于人的身体和生命是无价的，损失补偿原则及其派生原则只是适用于财产保险，在海洋保险中的渔民意外伤害保险、雇主责任保险等非财产类保险并不适用损失补偿原则。

损失补偿原则是财产保险的基本原则，在保障保险履行本质属性上发挥着至关重要的作用。损失补偿原则一方面充分保障了被保险人的利益，所获赔偿能有效弥补保险事故所带来的损失。另一方面防止了被保险人因保险事故而获利，确保发挥保险损失补偿的功能。

8.1.4.2 损失补偿原则的具体体现

根据我国海洋保险法律规定及实践经验，综合世界各国做法，损失补偿原则的具体体现可以分为以下三个方面。

1. 及时补偿

在保险实践中，如损失事件属于保险责任范围内，保险人应当及时向被保险人支付相应赔偿。这里在时间上做了特别强调，保险人不得拖而不付。《中华人民共和国保险法》对给付时间进行了规定："对属于保险责任的，在与被保险人或者受益人达成赔偿或者给付保险金的协议后十日内，履行赔偿或者给付保险金义务。保险合同对赔偿或者给付保险金的期限有约定的，保险人应当按照约定履行赔偿或者给付保险金义务。"

2. 全面赔偿

被保险人获得全面而充分的赔偿是损失补偿原则的内在要求，这里强调赔偿的范围。在损失事件发生后，保险人不仅需要对被保险人因保险标的受损而产生的实际损失赔偿，对被保险人为防止或减少损失而产生的费用亦需进行补偿。此外，为确定保险事故性质、程度而支出的费用也应由保险人承担，这充分体现了赔偿的全面性，蕴含对被保险人权益的保护。

3. 实际损失赔偿

实际损失赔偿体现在被保险人不得因保险事故而获利，保险人所给付的赔款应在实际损失的标准下进行确定。在不定值保险中，应按照保险标的的实际价值进行赔偿，而非保险金额；在超额保险中，保险人仅对保险价值内的损失赔偿，超出保险价值的部分无效。如被保险人多次投保，总保险金额超过保险价值，则在此类重复保险下，被保险人所获得的损失赔偿不得超过保险标的的受损价值。

8.1.4.3 保险人履行损失赔偿责任的计算方式

损失赔偿方式是损失补偿原则的具体运用，目前在财产保险实践中主要有以下两种计算方式。

1. 第一损失赔偿方式

第一损失赔偿方式以保险金额为界，将保险价值划分为两个部分。对于保险金额范围内的部分，保险对其承担相应赔偿责任；对于超过保险金额的部分，由于该部分未进行投保，因而保险人不承担损失赔偿责任。保险人只对第一部分的损失程度赔偿责任，因此被称为第一损失赔偿方式。

第一损失赔偿方式的计算公式为：

当损失金额≤保险金额时，赔偿金额=损失金额

当损失金额>保险金额时，赔偿金额=保险金额

2. 比例计算赔偿方式

比例计算赔偿方式的计算依据是保障程度，也就是按照保险金额与损失时保险标的的实际价值比例来计算赔偿金额。

比例计算赔偿方式的计算公式为：

赔偿金额=损失金额×保险金额/损失时保险财产的实际价值

根据比例计算赔偿方式的计算公式，保障程度越高，赔偿金额就越接近损失金额。如被保险人足额进行投保，即可获得十足的补偿。

8.1.4.4 损失补偿派生原则

1. 代位追偿原则

代位追偿原则是损失补偿原则的派生原则，根据代位内容可以分为权利代位和物上代位。

权利代位即追偿权的代位，是指当被保险人损失是由保险关系外的第三者造成的时，保险人向被保险人支付保险赔款后，依法取得对第三者的索赔权。《中华人民共和国海商法》对权利代位进行了规定："保险标的的发生保险责任范围内的损失是由第三人造成的，被保险人向第三人要求赔偿的权利，自保险人支付赔偿之日起，相关转移给保险人。"权利代位是为了防止被保险人因损失而向双方求偿，而获得超额赔偿，贯彻损失补偿原则的内涵精神。但需要指出的是，代位求偿权是建立在保险人履行赔偿义务的基础上的，必须是先行赔付被保险人损失，之后取得代位求偿权，且保险人只能在赔偿金额范围内行使权利。

物上代位是指保险标的遭受保险责任范围内的损失，保险人按保险金额全数赔付后，依法取得该项保险标的的所有权。保险人的物上代位权是通过委付取得的。所谓委付，是指被保险人在保险标的的损失程度符合推定全损的情况时，被保险人自愿将保险标的的一切权利、义务转让给保险人，由保险人按照全损履行赔偿责任。委付是基于双方当事人的意愿，经被保险人申请，保险人接受后生效，且委付一旦生效便不能撤销。委付是一种放弃物权的法律行为，在海上保险中经常采用。

2. 重复保险分摊原则

重复保险是指投保人对同一保险标的、同一保险利益、同一保险事故分别向两个以上的保险人订立保险合同，且保险金额总和超过保险价值的保险。尽管原则上各国一般不允许重复保险，但在实践中这种情况还是存在的，我国法律规定被保险人从多个保险人处获得的赔偿总额不得超过保险价值，但对于保险金额超过保险价值的部分，可以向保险人要求返还保险费。例如，中国渔业互助保险的大连市商业性远洋渔业船舶保险条款第三十四条就规定："保险事故发生后，如果存在重复保险，保险人按照本保险合同的保险金额与所有保险合同保险金额总和的比例承担赔偿责任。"[1]

8.2 海洋保险案例分析

8.2.1 单一风险因素

8.2.1.1 可保利益原则相关案例

◆ 拓展阅读 >>>

可保利益的判断[2]

【案例正文】2019年9月18日，某运输公司（甲方）与陈某（乙方）签订《货物水路运输合同》，约定由乙方陈某承运湿铵768吨，由"射阳驳8128"号货轮由从张家港运至涟水。合同中明确约定了乙方负有维护船舶货物运输安全的相关义务和责任，"射阳驳8128"号实际所有权及经营权归陈某所有。2019年9月18日，甲运输公司从某保险公司处投保运输保险，《国内水路、陆路货物运输保险单》载明：被保险人为甲运输公司，起运地为张家港，目的地为涟水，货物名称为湿铵，运输方式为国内水路，运输工具为"射阳驳8128"号货轮，数量/重量为768吨，起运日期为2019年9月18日，保险金额为499 200元，总保险费为104.83元。

2019年9月19日，驳船"射航驳8128"（装载氯化铵768吨）因惯性冲向岸边，导致船体破裂受损，后致货舱进水，货物受损。事故原因为陈某操作不当，违规航行。事故发生后保险公司向甲支付了保险赔款，也取得了投保人出具的《权益转让书》获得相关追偿权益。保险公司向涉事第三方陈某追偿赔偿金，但陈某认为其作为实际承运人，应与承运人及被保险人甲运输公司一样具有可保利益，拒绝赔付。保险公司遂诉至法庭。

【思考题】陈某的拒赔行为合理吗？为什么？

【要点提示】可保利益是指投保人或者被保险人对保险标的具有的法律上承认的利益。本案中，甲运输公司所投的国内水路、陆路货物运输保险综合险，性质属于财产保险。虽然保险单中注明了"运输工具为'射阳驳8128'号货轮"，但投保

---

[1] 参考资料来源于中国渔业互助保险社官网。

[2] 参考资料来源于中国海事审判网。

人或者被保险人均是甲运输公司，陈某作为实际承运人，既不是投保人，也不是被保险人，不享有保险利益。

◆ 拓展阅读 >>>

货物易手引发可保利益认定的纠纷

【案例正文】2000年9月27日，甲公司与乙公司签订一份数字数据网络设备国际货物买卖合同，设备总金额为851 108美元，价格条件为FOB加拿大渥太华离岸价。买卖合同签订后，经双方沟通，甲公司委托丙国际运输公司负责整体运输环节。同年11月15日，甲公司向保险公司投保货物运输保险，签署了《国际运输预约保险启运通知书》（以下简称《通知书》）。《通知书》约定：甲公司为被保险人，保险标的为一套数字数据网络设备（共计48件纸箱），运输路线为从加拿大渥太华至中国湖北武汉，保险金额为978 774美元，保险费为3 915美元，投保险种为一切险。《通知书》还备注了运输途径，公路运输：Kanata（阿尔卡特公司工厂所在地）—太华机场。空运：太华机场—北京机场—天河机场。11月15日，甲公司向保险公司支付了保险费，保险公司同时出具相应收据。11月16日，运输货物发生意外，在太华Secure公司仓库被盗窃，属于全部损失。12月7日，甲公司将出险情况通知保险公司，并提出索赔请求，但保险公司以甲公司不具备可保利益为由拒承担赔偿责任，甲公司遂将其告上法庭。

【思考题】保险公司拒绝承担赔偿责任是否有理？法院应如何判决？

【要点提示】本案的焦点在于对可保利益的认定。甲公司是否具有可保利益取决于其对买卖合同项下货物承担的风险，而对货物承担的风险及其起始时间又取决于买卖合同约定的价格条件。本案买卖合同约定的价格条件是FOB加拿大渥太华离岸价，意为货物在渥太华越过船或装机后，货物的风险才发生转移。在此之前，货物的风险则仍由卖方承担。故在货物被盗时，甲公司对货物不具备可保利益，保险公司无须承担赔偿责任，而应当退还保险费。

8.2.1.2 最大诚信原则相关案例

◆ **拓展阅读** >>>

保险人须履行"货物积载不妥"免责条款的明确说明义务①

【案例正文】"建功228"轮为钢质集装箱船，该轮登记所有人为甲公司和陈某某，船舶经营人为甲公司。2018年8月，陈某某向乙保险公司投保沿海内河船东保障和赔偿责任保险，投保人和被保险人均为陈某某，"责任免除"保险条款载明了货物装载不妥等项目，但乙保险公司未进行明确说明。

2018年11月2日，"建功228"轮准备靠码头卸货的过程中，10个集装箱沉入水底，7个集装箱虽落水但未沉入水底，另有13个集装箱变形受损。经查事故发生原因为："建功228"轮未按《集装箱受力及系固设备计算书》的要求进行绑扎，使用绑扎带代替带芯钢丝和桥锁；该船在航行过程中，受台风"玉兔"外围环流的影响，遭遇风浪发生摇晃，船舶横倾慢慢增加；航行过程中驾驶人员发现较大横倾后，未采取相应的有效措施避免船舶发生倾侧，最终该船集装箱绑扎带及锁具绷断，集装箱掉落水中。

事故发生后甲公司向乙保险公司索赔，但乙保险公司以系固不当属免除责任为由拒绝赔付，甲公司遂诉至法庭，乙保险公司提出了"货物积载不当"属于"法律、行政法规中的禁止性规定"免责情形，保险人无须履行明确说明义务即可使该条款产生效力。

【思考题】你认为乙保险公司是否应当对损失进行赔付？为什么？

【要点提示】如实说明是保险人的义务范畴，在订立保险合同之前，保险人应主动向被保险人说明合同主要内容。

本案根据乙公司抗辩的三个构成要件判断其是否具有合理性：一是本案保险事故的近因为风力、驾驶人员过失和货物装载不妥等，"货物积载不当"为近因之一；二是"货物积载不当"与"系固应当符合国家安全技术规范"在语词解释以及涵摄范围等方面等同或后者包含前者，但根据航运实践和相关条例可得两者并不完全等同，后者不能完全包含前者；三是"系固应当符合国家安全技术规范"属于法律和行政法规的"规定"，但该规定是"管理性规定"，并非"禁止性规定"。因此，该抗辩无效。"货物积载不当"这一免责条款并不属于法律和行政法规的"禁

---

① 参考资料来源于中国海事审判网。

止性规定"，表明乙保险公司未履行明确说明义务，应当进行赔付。

◆ 拓展阅读 >>>

承运人货物配载不当引发共同海损争议

【案例正文】某年12月9日，某糖烟酒公司与糖厂签订白糖购买合同，糖烟酒公司向糖厂购买850吨价值365.5万元的白糖，由糖厂负责运输及保险。下一年1月6日，糖厂与某海运公司签订货物运输合同，由某海运公司具体负责运输业务的开展，海运公司提供"武海1号"轮承运该批白糖，由海安港运送至德胜港。同日，糖厂与保险公司订立货物运输保险合同，保险合同载明：保险标的为一级白砂糖，共计重850吨，17 000件，保险金额为365.5万元，险种为综合险。同时，糖厂按照保险合同约定向保险公司缴纳保险费12 792.50元。1月7日，糖厂与海运公司"武海1号"轮办理了运单。运单载明：糖厂为托运人，糖烟酒公司为收货人，货物为白糖，共计17 000件，重850吨，未有"托运人同意装甲板货"的约定。1月8日，"武海1号"轮起航运输，而将部分货物放置于甲板之上。1月26日，在"武海1号"轮行驶至浙江岛附近时，轮船发生故障，舵机失灵，难以控制。而此时，轮船正面临7级大风，船体颠簸严重，放置在甲板上的白糖倾倒至一侧，船体发生倾斜，为保障船货安全，船长下令将甲板上的白糖抛入海中，致使保险标的发生损失。1月29日，货船抵达目的地，经清点，实收货物14 040件，其中破包143件，并有大量货物潮湿；短少2 960件，重148吨，价值636 400元。清点完毕后，"武海1号"轮船向保险公司申请赔付，保险公司在接到报案后，对该船舶的相关情况进行了详细调查。经查，"武海1号"轮是由渔船改装的，载重吨位为910吨。该船在起航前并未对操作系统进行全面检查，在事故发生前，主、辅机和舵机均出现过故障。2月28日，糖厂与糖烟酒公司签署了权益转让合同，糖厂将对损失的求偿权转让给糖烟酒公司。后来糖烟酒公司向保险公司索赔，而保险公司拒绝赔偿，遂将其告上法庭。

【思考题】保险公司拒绝赔付是否合理？法院应该如何判决？

【要点提示】在本案中，投保人在投保时已将保险标的的相关情况如实告知了保险人，认定为履行了投保人的告知义务。但本案中，"武海1号"轮在运输途中并未按照约定放置货物，擅自将白糖放置在甲板上，违反了海上货物运输的相关要求，不符合最大诚信原则的要求，故不能将损失列为共同海损。因此，保险公司拒绝赔付是合理的。

◆ **拓展阅读** >>>

未按约定缴纳保险费的保险合同是否生效?

【案例正文】某年3月12日,B-25号渔船所属的某渔业公司向某保险公司投保第三者责任险与船舶损失险。合同约定的保险期限为3月20日零时至下一年3月19日24时,约定保险费为6 500元。但在保险公司签发保险单时,投保人并未缴纳保险费,且条款规定:"投保人应在签订保险合同时一次性缴清保险费,除合同另有书面的约定外,保险合同在被保险人缴付保险费后才能生效。"当年4月28日,渔船在外出作业时遭遇意外事故,渔船由于自身操作系统故障,与其他渔船相撞,致使双方均遭受一定程度的损失。5月5日,B-25号渔船所属渔业公司向保险公司缴纳保险费6 500元,并于缴费后的第二天向保险公司提出索赔申请,遭到保险公司拒绝。

【思考题】保险公司拒绝赔付是否合理?

【要点提示】本案的焦点在于保险合同的生效期限,根据我国法律与本案的条款规定,保险合同生效以投保人缴纳保险费为条件,只有按照约定足额及时缴纳保险费后,保险合同方能生效。在本案中,意外事故虽然发生在约定的保险期间内,但在投保人缴纳保险费之前,故保险公司无须进行理赔。

◆ **拓展阅读** >>>

承运人故意违约导致"提货不着"保险公司应否赔偿?

【案例正文】某贸易公司与某保险公司于1998年8月3日签订了海上货物运输保险合同,约定:被保险人为某贸易公司,保险标的物为布料,保险金额为48.1万美元,投保险种为一切险和战争险,航程为青岛至莫斯科。该批货物于1998年8月12日装船,承运人为贸易公司签发了青岛至莫斯科的全程提单。提单载明:托运人为贸易公司,收货人为与贸易公司签订贸易合同的买方达卡公司。货物由青岛港船运至俄罗斯东方港,再由东方港改由铁路运输,10月初运抵目的地后,买方持铁路运单要求提货。因买方是单证上的收货人,承运人便在未收回全程正本提单的情况下放货,买方办理完清关手续后将货物提走。贸易公司见买方迟迟没有支付货款,于是派人持正本提单至莫斯科提货,并在提不着货物后向保险公司索赔。保险公司则认为:本案货物已经运抵目的地并被收货人提走,去向是明确的,不存在"提货不着"的问题。故保险公司拒绝进行赔偿。

【思考题】保险公司拒绝赔付是否合理?为什么?

【要点提示】本案的争论焦点之一就是如何理解保险合同中的"提货不着"。提货不着虽然是本案保险合同中约定的一种风险，但并不是说所有的提货不着都应当由保险公司承担保险责任。本案是因承运人无单放货造成持有正本提单的贸易公司提货不着的。但这种提货不着是可预见的，不具有海上货物运输保险的风险特征，故不属于保险合同约定承保的风险。实际上，当承运人故意违约无单放货时，贸易公司应当根据海洋货物运输合同的约定，向这个确定的责任人追究违约责任。贸易公司的请求混淆了海上货物运输合同与海上货物运输保险合同之间的法律关系与责任界定。因此，保险公司无须对损失承担赔偿责任。

◆ 拓展阅读 >>>

"TONYBEST"船告知义务争议

【案例正文】香港某船务有限公司向某保险公司投保了船舶一切险，在投保和续保时，船务公司隐瞒了船舶机器及压载有严重缺陷的情况，未向保险公司告知真实情况。在一次航行中，"TONYBEST"船装载货物从中国至吉大港途中出现了搁浅事故，船舶先后共四次搁浅，终因机舱大量进水，船舶沉没。经调查，"TONYBEST"船多次搁浅最终沉没的主要原因是：船舶压载管严重锈蚀，阀门无法关闭。机舱只有一台发电机可以工作，其他设备也处于严重磨损状态，且机器缺乏备件。这些缺陷在续保甚至第一次投保前就已存在，船长、轮机长已将这些缺陷告知船舶管理人。事故发生后，船务公司向保险公司进行索赔遭到拒绝。

【思考题】保险公司拒绝赔付是否合理？为什么？

【要点提示】海上保险的一个重要原则是最大诚信原则。任何一方当事人违反最大诚信原则，另一方即可宣告合同无效。根据该原则，被保险人在保险合同订立之前应向保险人披露有关保险标的的所有重要情况，并履行保证。本案中，"TONYBEST"船压载系统无法排放压载水，机舱只有一台发电机，其他设备也存在缺陷，应该认为是必须在订立合同时如实披露的重要情况。原告在订立本合同时没有披露这些情况，违反了最大诚信原则，保险公司有权宣告该合同无效，有权拒赔。

◆ 拓展阅读 >>>

沉船"骗保"难以逃避法眼

【案例正文】"永顺祥一号"船向保险公司投保了船舶保险，保险金额共计144

万元人民币。而"永顺祥一号"船在投保仅一个月的时间内便发生了沉船事件，船员称船体因触碰水下不明漂浮物而沉没。但令人生疑的是，经勘察，出事海域海底平坦无暗礁，且船舶沉船没有导致船员受伤或死亡。后经调查，投保人投保前就有买船骗取保险金的念头，投保人先以55万元人民币购买了一条船，又以144万元人民币的保额投保。同年8月27日，在运输途中，投保人将货物偷偷卖掉后将船舶凿沉，6名船员乘事先准备好的救生艇逃至附近无名小岛，后向保险公司骗赔，保险公司在查明真相后拒绝赔付。

【思考题】"骗保"后索赔被拒体现了哪一条保险基本原则？

【要点提示】该案例体现的是最大诚信原则。最大诚信原则是指保险双边在签订和履行保险合同时，必须以最大诚意，履行自己应尽的义务，互不欺骗隐瞒，恪守合同认定与承诺，否则保险合同无效。"永顺祥一号"船通过沉船的方式来骗取保险金额，严重违反了最大诚信原则，保险公司无须承担赔偿责任。

8.2.1.3　损失补偿原则相关案例

◆ 拓展阅读 》》》

重复保险下的保险金分摊[①]

【案例正文】甲保险公司与被保险人乙公司之间存在预约保险合同关系。2013年4月，甲保险公司承保乙公司从中国新港运至安哥拉罗安达港的70 200千克焊管，承保条件包括"货物保险——A条款"，保险金额为97 451.64美元。同年2月，丙保险公司也承保了该批货物的运输风险，被保险人、保险标的和保险金额与甲保险公司签发的保险凭证记载一致。承保险别为中国人民保险集团股份有限公司海洋货物运输一切险及战争险条款。此外，甲、丙双方各自的保险合同中均无"禁止他保条款""无分摊条款"或"按比例条款"，也未对违反重复保险通知义务的后果进行约定。

运输货物于2013年4月12日开始在罗安达港卸载，乙公司发现货物受损，于当日向船东提出索赔，并及时向甲、丙保险公司告知了货物出险情况。受甲保险公司委托的公估公司检验后认为货损原因为积载不当，定损金额为53 876.40美元，约合42 973.22欧元。甲保险公司分别于2013年7月和11月对外支付了2 536.47欧元的检验

---

① 参考资料来源于中国海事审判网。

费用和42 973.22欧元的保险赔偿金。

2014年4月3日，甲公司委托律师通知丙公司涉案货物存在重复保险情况，要求丙公司分摊50%的保险赔偿金，即21 486.61欧元。丙公司未予支付，甲公司遂诉至法庭。

【思考题】甲公司要求丙公司分摊赔偿金的行为合理吗？

【要点提示】重复保险是指投保人对同一保险标的、同一保险利益、同一保险事故分别向两个以上的保险人订立保险合同，且保险金额总和超过保险价值的保险。本案中乙公司对运输货物的投保构成重复保险。《中华人民共和国海商法》第二百二十五条规定：在保险事故发生后，如存在重复保险，分摊请求权的构成要件应包括：一是第一赔付保险人向被保险人已经作出的赔付是合理、谨慎的；二是分摊保险人在其保险合同项下对被保险人也负有赔偿责任；三是第一赔付保险人支付的赔偿金额超过其在重复保险法律关系下应当承担的赔偿责任。

甲公司向被保险人已经作出的赔付是合理且谨慎的，丙公司在其保险合同项下对被保险人负有赔偿责任，且甲公司所支付的赔偿金额超其应当承担的赔偿责任。因此，甲公司的分摊请求权成立，丙公司应当分摊50%的保险赔偿金。

◆ 拓展阅读 >>>

对于船舶不适航条件下的共同海损分摊保险公司是否负有赔偿责任？

【案例正文】10月12日，为保障"长兴"号货轮航运利益，其归属公司某海运公司向保险公司投保了船舶一切险。10月24日，"长兴"号货轮装载4 751.6吨水果罐头开始航运之旅，货轮自厦门港启航，计划驶往俄罗斯符拉迪沃斯托克港。"长兴"号在航行4天后，遭遇6.5级大风，船舶发生剧烈颠簸，分装在托盘中的罐头撒落开来，在剧烈摇晃之下，罐头均移动至船舱一侧，由此造成船体严重倾斜。为保障船舱航行的安全，船长决定将右压载水舱全部注满水，然此举并未起到决定性作用，仍无法使船舶恢复平衡状态。当时风浪依然较大，且船舶保持了10度左右的倾斜角度，如继续航行下去，船舶面临倾覆的危险。为了船货的共同安全，"长兴"号开往韩国釜山港避难，并将相关情况告知其归属公司，经公司同意，宣布共同海损。船上所转载的货物在釜山港全部卸下，然后进行重新积装，购买积装物料费用、装卸费用等共计107 864美元。经核算，船舶获救价值占船货获救总价值的63.7%，船方应承担共损分摊68 709.37美元。海运公司以该船已投保了船舶一切险，共同海损分摊在保险责任范围内为由，要求保险公司承担全部共损分摊额。

在后续的索赔过程中，出现了两种不同的意见。一种观点认为"长兴"号在前往避难之前，已经采取积极施救措施，但并未达到预期目的，故前往釜山港进行避难。船方宣布本次事故损失为共同海损是正确的，保险人应当对船方所承担的损失负赔偿责任。另一种观点认为"长兴"号对货物运输前的处置失当，在起航前，并未对货物进行必要的衬垫和绑扎，故在风浪大时才会导致货物散落下来。由此可见，船方对货物积载不当是造成货物撒落的主要原因，不能定为共同海损，而应定性为船舶不适航导致的损失，应属于除外责任，由船方自行承担损失。

【思考题】你对本案的观点是什么？你认为如何分担责任较为合适？

【要点提示】在本案中，一方面船方对货物的放置存在失当，另一方面，货船航行存在客观的不适航条件，且难以从主观层面进行判定。在此情况下，双方需共同承担责任。在本案的实践中，最终结果是双方经过协商达成一致意见，由保险公司对船方的共损分摊负55%的责任，另45%由海运公司自己负担。

◆ 拓展阅读 >>>

渔民工伤能否得到"双份"赔偿

【案例正文】某年10月23日，某渔业公司为包括张某在内的43名员工向甲保险公司投保了渔民人身意外伤害保险，保险期间一年。投保后不到三个月，1月16日，张某在船舶出海捕捞期间因其他渔船操作失误，导致两船相撞，腿部严重受伤。渔船返航后，张某及时进入医院接受治疗，治疗期间共用去医疗费23 534.50元。因肇事渔船在某保险公司投保了第三者责任险，肇事方保险公司在保险限额内履行了赔偿义务，向张某赔付了医疗费用支出。后张某又向甲保险公司提出赔偿请求。甲保险公司认为，张某已就医疗费获得充分赔偿，按照保险合同的约定，甲保险公司不应再赔偿其医疗费用。张某对保险公司的拒赔决定不服，遂诉至法庭。

【思考题】甲保险公司拒绝赔付是否合理？

【要点提示】此案例体现的是损失补偿原则的具体实践。损失补偿原则是指保险人应对被保险人因保险事故造成的实际损失给予充分的赔偿。本案例中，渔民人身意外伤害保险属人身保险的范畴，损失补偿原则及其派生原则不适用于人身保险。无论张某是否从第三方获得赔偿，均有权按照约定向甲保险公司请求赔偿。

8.2.1.4　近因原则相关案例

◆ 拓展阅读 >>>

多种原因共同导致损失[①]

【案例正文】"SAGAN"轮为巴拿马籍油船，船舶所有人为甲公司。2017年2月1日10时，"SAGAN"轮在空载状态下自中国台湾地区高雄港出发驶往韩国昂山（ONSAN）港。然而开航仅1天，船舶便发生故障。自2月2日17时至2月6日08时期间，主机扫气箱至少7次起火，此后主机彻底无法启动，船舶失去动力开始漂航。船长于2月5日询问甲公司的指示，甲公司要求继续航程。甲公司在2月8日下午联系韩国拖轮，被告知拖轮因浪高无法出海，预计2月11日上午天气好转才能出航。2月9日，"SAGAN"轮向甲公司报告"SAGAN"轮正在向日本岛屿漂航，要求迅速派遣拖轮，并告知如果拖轮有延迟，船舶可能搁浅。2月10日，甲公司随即联系了日本的拖轮，被告知拖轮最早2月13日才能出发对"SAGAN"轮进行拖航。最终，漂航约5天的"SAGAN"轮于当地时间2月11日06时左右在日本诹访之濑岛西南岸搁浅。日本方面对其进行救助，后经证实"SAGAN"轮在搁浅时视为推定全损。据悉，甲公司投保了货物运输保险，保险金额为480万美元，保险条件为"协会定期船舶保险条款全损险，附加共同海损、救助、施救和碰撞、触碰责任"等；保险期限自2016年7月18日0时起至2017年7月17日24时止。出险后，甲公司要求保险公司进行赔偿，但保险公司以甲公司的过错和放任行为导致船舶在风浪的正常作用下搁浅，不属于承保风险为由，拒绝赔付。

【思考题】事故发生的近因是什么？保险公司做法合理吗？

【要点提示】本案例涉及近因原则在保险实践中的应用。首先，搁浅本身并非涉案保险合同的承保风险，船舶主机故障使得"SAGAN"轮丧失了抵御海上正常风浪的能力从而导致了搁浅。然而甲公司在主机发生故障但尚能启动时，没有采取有效措施，是涉案搁浅事故发生的原因之一。其次，船长对于风浪影响及可能发生搁浅情况的判断是准确的。从2月6日主机故障船舶开始漂航到最终船舶搁浅的2月11日，共有5天时间。甲公司寄希望于修复主机继续航行，故而在联系拖轮、指示船长发出求救信号等方面存在不谨慎与不及时，这也是涉案搁浅事故发生的原因之一。综上，根据在案证据显示，"SAGAN"轮搁浅全损事故系由多个原因共同导致

---

① 参考资料来源于中国海事审判网。

的结果，包括船舶主机故障、船东的救援措施以及风浪的影响，但上述原因均不属于涉案保险合同承保的"海上危险"，保险人无须赔偿。

◆ 拓展阅读 >>>

链式因果如何判定近因?

【案例正文】英国"0375"号货船隶属于某贸易公司，该贸易公司与供货方签署了运输合同，负责运输一定价值的烟草与皮革。在航行开始前，贸易公司投保了货物运输保险并按约定履行了相应的告知、缴纳保费等既定义务。航行中，货船不幸遭遇意外事故，所运输皮革均被海水浸泡，然烟草并未受到海水直接侵蚀。所幸货船在海难中受损并不严重，航运得以继续进行，而在后续漫长的海上航行中，皮革因被海水浸泡而腐烂，并进一步导致烟草全部变质。由此在本次航行中烟草与皮革均遭受了不同程度的损失，货船在抵达目的地时，贸易公司向保险公司发出理赔申请。

【思考题】保险公司是否应当赔付? 为什么?

【要点提示】本案例涉及近因原则在保险实践中的应用。如果损失是由一个以上原因连续发生所引起的，且各个原因之间存在链式因果关系，即由最初的原因引致了后续一系列事故原因的产生，则将前因认定为近因。本案例便适应多种原因连续发生对损失产生影响，起初的原因是遭遇海难，而后由皮革腐烂引起烟草变质。可见，海难是本案例的近因，保险人应当对损失负赔偿责任。

◆ 拓展阅读 >>>

间断因果如何判定近因?

【案例正文】德国某货船负责承运了一批医疗卫生设备，该货船所在公司在航运开始前向保险公司投保了货物运输保险，投保险种为平安险，并按约定履行了相应的投保人义务。该船舶于某年9月2日起航，经过长达一个多月的海上航行，成功抵达目的地。而船舶在到港卸货时却遭遇恶劣天气，雷击造成了货物起火。为尽快抢救货物，工作人员开始搬运货物，而期间因看守懈怠，部分货物被小偷偷走，造成了保险标的的部分价值损失。事后，货运公司向保险公司申请对损失进行赔偿。

【思考题】保险公司是否应对该损失进行赔偿，为什么?

【要点提示】本案例涉及近因原则在保险实践中的应用。根据多种原因间断发生处理原则，如果是在一个以上原因连续发生的过程中，一个新出现的、独立的原因介入导致损失事故发生，则该新介入的原因被认定为近因。如近因属于保险责任范围内，则保险人进行赔偿，否则不予负责。在工作人员搬运转移货物期间，货物被小偷偷走，偷盗打断了原本的链式因果关系，偷盗被认定为货物损失的近因，故保险公司无须对该损失进行赔偿。

8.2.2　综合性案例分析

◆ 拓展阅读 >>>
"小清河"治理中的环境责任保险
【案例正文】
"黄金水道"黑化为"纳污河道"

身处鲁中腹地，南依泰山山脉，北临黄河，拥有900年历史的小清河，被泉城人誉为"母亲河"。自刘豫开挖小清河，这条河渐渐成为济南到附近各县的水上交通要道，赢得"小盐河"的美誉，济南也由此成为盐运大码头。如《智取威虎山》中所言，只要通向森林的小火车一通，就会"火车一响，黄金万两"。小清河的畅通，意味着地方政府财源不断。"官有鱼盐赋，民多粟麦场。小河萦九曲，茂木郁千章。"600多年前，明代诗人朱善来到小清河，写下了这样的诗句。那时的小清河水量丰沛，树木葱郁，风景秀丽。改革开放以来，受工业化和城镇化步伐的加快、城市规模和人口不断扩大等因素的影响，昔日清澈美丽的"黄金水道"成为济南唯一的"纳污河道"，工业废水和生活污水大量涌入，水质不断恶化，持续为劣Ⅴ类状态，"小清河"变为又黑又臭的"小黑河"，成为城市的伤疤、人民群众的心头之痛，河两岸的居民更是苦不堪言。"小清河何时清?"成了群众发自内心的追问，也成为济南市生态文明建设、人民群众获得感提升的"绊脚石"。

几经辗转，再现"鹊华秋色"

小清河治理之路蜿蜒曲折。1996年，济南便对小清河开展了首次大规模治理，2007年再次开展综合治理工程。党的十八大以来，以习近平同志为核心的党中央以前所未有的力度抓生态文明建设。2013—2015年，小清河连续三年被生态环境部直属事业单位"中国环境监测总站"官网列入"污染黑榜"。山东省政府也明确要求，到2015年小清河流域干流要达到水环境功能区标准，主要支流消除劣Ⅴ类水体。而2018年10月，黑臭水体专项督查组在小清河流域济南水质净化一厂附近看到，一股股深颜色的水流从岸边溢流口中喷涌而出，溅起白色的泡沫，空气中弥漫着刺鼻的臭味，"清河梦"再次被戳破。

如何解决小清河污染"顽疾",成为历史和人民交给济南市政府的一份沉甸甸的"考卷"。济南刮骨疗毒的治水决心和雷霆万钧的治污手段,让"清河梦"真正照进了现实:小清河水质改善被评为2019年度山东省生态环保十大事件之一和全国、全省环保督察整改典型示范案例。小清河水质提升及沿岸风貌的再造,串联起"鹊华秋色""齐烟九点"等历史文化风貌,连接了泰山文化、黄河文化,为构建起"一山一水一圣人"的文化格局提供支撑。环境效益、经济效益、社会文化效益显著提升。

根据国务院《生态文明体制改革总体方案》,小清河污染治理项目建立了环境污染强制责任保险制度。在小清河污染治理过程中,保险所发挥的作用不可或缺。

【思考题】

1. 根据环境污染强制责任保险的内涵,如何理解该险种产生的意义?

2. 环境污染强制责任保险相对于政府福利计划、民事侵权责任制度等传统环境风险管理手段而言,具有哪些比较优势?

3. 我国环境污染强制责任保险尚处于起步阶段,你认为应采取哪些手段促进其发展呢?

【要点提示】

1. 根据环境污染强制责任保险的内涵,如何理解该险种产生的意义?

环境污染强制责任保险,是指以企业事业单位和其他生产经营者因突发环境事件或者生产经营活动污染环境导致第三者人身、财产或生态环境损害应当承担的赔偿责任为保险标的的强制性保险。其不仅能分散企业风险,还能有效地维护受害者利益,促进社会稳定。

2. 环境污染强制责任保险相对于政府福利计划、民事侵权责任制度等传统环境风险管理手段而言,具有哪些比较优势?

略。

3. 我国环境污染强制责任保险尚处于起步阶段,你认为应采取哪些手段促进其发展呢?

可以从完善环境信息披露制度、建立环境损害赔偿基金等角度提出合理的想法。

◆ **拓展阅读** >>>

我国环境责任保险赔付案例

地点	案例
宁夏中卫	2016年10月19日，被保险人宁夏中卫市美利源水务有限公司因污水中转池出口阀门损坏，造成15 213立方米超标污水进入总排管，该公司为处理超标污水排放花费42.70万元，英大长安保险经纪有限公司宁夏分公司和环境污染责任保险承保共保体为其赔付42.70万元。该事件是宁夏启动环境污染责任保险试点工作后发生的首例索赔事件
河北邯郸	2016年7月19日，被保险人邯郸市西林科技股份有限公司厂区内的物料墙被洪水冲塌，物流顺着洪水流入周边农田，造成了严重的环境污染和破坏。事发后，该企业赔偿村民损失10 870元。中华联合财产保险股份有限公司邯郸支公司作为其保险人对该公司赔付10 400余元，有效减轻了企业赔偿压力
河北唐山	2017年7月6日，被保险人唐山三友化工股份有限公司输送浓海水的管道突发泄漏，导致泄漏点周边约1 000米的高速公路绿化带、土壤和池塘受到污染，污染共造成损失达284 690.09元。其保险人燕赵财产保险股份有限公司按照合同约定扣除20%的免赔额后，向该公司赔付227 752.07元

———— · **本章小结** · ————

本章以实践运用为侧重点，阐述了海洋保险的四项基本原则，体现了四项基本原则在海洋保险与其他传统保险中运用的不同之处。同时，依托案例及思考题帮助读者加深对四项基本原则的理解。

【知识进阶】

1. 试分析可保利益原则的运用在海洋保险与其他财产保险中有哪些不同之处？

2. 近因的判定共分为几类情形？难点在何处？

3. 损失补偿原则的派生原则有哪些？在财产保险与人身保险的运用上是否一致？

9 海洋保险合同

> 知识导入：本章对海洋保险合同进行了较为全面的介绍，从保险合同的要素、订立生效、履行与争议处理条款四个维度进行了阐述，着重介绍了海洋保险合同与其他传统保险合同的区别之处。同时，本章通过案例分析，展示了海洋保险合同实务，并以思考题的形式启发读者思考。

9.1 海洋保险合同概述

9.1.1 海洋保险合同的要素

9.1.1.1 海洋保险合同的主体

海洋保险合同的主体是指在合同中享有一定权利并履行相应义务的人。海洋保险合同主体可以分为合同当事人、关系人两大类。其中海洋保险合同当事人是指保险合同的直接参与主体，包括投保人与保险人。海洋保险合同关系人是指与保险合同具有间接关系的人，主要有被保险人和受益人。

1. 保险合同当事人

1）保险人

保险人是向投保人收取保险费，在保险合同规定的保险事件发生时，对被保险人承担赔偿损失给付责任的主体。保险人可以是法人也可以是自然人，但就目前海洋保险业务实际来看，除了英国劳合社是以自然人身份开展海洋保险业务外，其他海洋保险的保险人均为法人。

2）投保人

投保人是对保险标的具有保险利益、向保险人申请订立保险合同，并负有缴纳保险费义务的主体。投保人可以是法人，也可以是自然人，但必须具有民事权利能力和民事行为能力。其中，海上货物运输保险区别于一般的财产保险，在投保人签订保险合同时，不要求投保人必须对保险标的具有保险利益。

2. 保险合同关系人

1）被保险人

被保险人是海洋保险保障的对象，是指其财产、利益或生命、身体和健康等受保险合同保障的人。当所约定的海上财产或利益受损时，其有权按照保险合同约定向保险人要求赔偿。同样，被保险人可以是法人，也可以是自然人。通常而言，海洋保险的财产保险合同中投保人一般就是被保险人。在雇主责任保险、船员人身意外伤害险等险种中，投保人与被保险人往往不一致。

2）受益人

受益人是人身保险特有的概念，是指在保险事故发生后直接向保险人行使赔偿请求权的人，又被称为保险金受领人。受益人通常为被保险人或投保人指定享有保险金请求权的人。在船员人身意外伤害保险、旅客海上意外伤害保险等人身保险中，受益人可以是投保人、被保险人，也可以是第三者。受益人根据确定方式的不同，又分为法定受益人和指定受益人。

9.1.1.2　海洋保险合同的客体

海洋保险合同的客体是可保利益。需要指出的是，海洋保险合同的客体并非保险标的，海洋保险所保障的并不是保险标的不发生意外事故，而是保障保险标的为被保险人带来的可保利益。可保利益是以保险标的的完好、存在为前提，保险标的受损时，保险利益也相应减少。因此保险利益才是海洋保险的保障对象，也就是海洋保险合同的客体。

9.1.1.3　海洋保险合同的内容

海洋保险合同反映了保险当事人和关系人的权利义务关系。合同条款是规定保险人与被保险人之间权利和义务的条文，是合同内容的表现形式。海洋保险合同条款依据性质不同可以被分为基本条款和附加条款两大类。

基本条款构成了海洋保险的主要合同内容，基本条款是保险合同当事人与关系人权利与义务的规定以及按照法律规定需要记载的事项。基本条款通常由保险人事先印于保险单上，被保险人不能随意更改条款内容。根据《中华人民共和国海商法》的规定，在海洋保险合同的基本条款中需要列明的事项有：保险人名称、被保险人名称、保险标的、保险价值、保险金额、保险责任、除外责任、保险期间、保险费等。附加条款是指保险人按照投保人要求增加承保风险的条款，出现附加条款意味着承保范围扩大。

9.1.2　海洋保险合同的订立生效

9.1.2.1　海洋保险合同订立的程序

海洋保险合同的订立是被保险人提出投保申请、保险人进行承保的过程。与其他保险合同订立程序一致，海洋保险合同的订立需要经过要约和承诺两个阶段。一般而言，由投保人提出投保申请，填写保险单，即为合同要约阶段。被保险人根据投保人填写的投保单内容，在投保单上签章表示接受投保，即为合同承诺阶段。海洋保险合同为要式合同，保险人通常已将保险合同格式化，保险条款与保险费率已事先拟定好，投保人只需根据投保单要求填写，但这种行为不能被理解为要约，仅是要约邀请。《中华人民共和国海商法》规定："被保险人提出保险要求，经保险人同意承保，并就海上保险合同的条款达成协议后，合同成立。"海洋保险合同的订立中，通常被保险人为要约人，保险人为受约人。但是如果保险人对投保人提交的保险单提出了附加条件，那么只有当投保人满足相应条件时，保险合同才能订立。此时，双方地位就发生了互换，保险人转为要约人，被保险人为受约人。

9.1.2.2 海洋保险合同订立的形式

海洋保险合同条款相对复杂，且保险合同期限较长，因此海洋保险合同通常采取书面的形式。《中华人民共和国海商法》规定："海上保险合同成立后，保险人应及时向被保险人签发保险单或者其他保险单证，并在保险单或者其他保险单证中载明当事人双方约定的合同内容。"在海洋保险合同实践中，海洋保险合同的订立形式通常有经保险人签章的投保单、保险单、保险凭证、暂保单等。

9.1.3 海洋保险合同的履行

海洋保险合同的履行是指合同双方当事人按照法律规定和合同约定的内容履行各自义务。海洋保险合同是双务性合同，在合同订立生效后，双方均享有相应权利，也须履行所约定的义务。

9.1.3.1 投保人的合同义务

1.订立合同时的如实告知义务

如实告知义务是最大诚信原则的具体体现，是指在保险合同订立之前，投保人应将保险标的的风险状况等有关重要事项如实告知保险人。投保人所告知的情况将决定保险人是否承保、承保费率等。如投保人违反如实告知义务，保险人有权解除合同或不承担赔偿责任。

2.缴费义务

缴费义务是指投保人需根据保险合同约定的保险费率在规定的时间、地点向保险人缴付保险费。保险费是投保人转移风险所付出的代价，按照约定的时间和方式缴纳保险费是投保人的基本义务。《中华人民共和国海商法》规定：投保人应当在合同订立后立即支付保险费，如合同另有约定，则按照合同约定执行。

3.保险期限内风险变更的通知义务

风险水平是保险人确定保险费率的重要依据，如在保险期限内保险标的的风险水平发生变动，被保险人应及时通知保险人，保险人可以根据新的风险水平调整承保条件、保险费等，以保证保险双方当事人的利益。

4.保险事故发生后的损失通知与施救义务

损失通知义务是指当保险事故发生后，被保险人应当及时通知保险人。由此便于保险人迅速开展保险事故勘察检验，以确定事故责任归属，避免拖延时间导致丧失事故证据，影响责任确定。施救义务是指被保险人当遭遇保险事故时，应采取必要、合理的措施以减少保险标的的损失。《中华人民共和国海商法》第二百三十六条规定："一旦保险事故发生，被保险人应当立即通知保险人，并采取必要的合理措施，防止或者减少损失。被保险人收到保险人发出的有关采取防止或者减少损失的合理措施的特别通知的，应当按照保险人通知的要求处理。对于被保险人违反前款规定所造成的扩大的损失，保险人不负赔偿责任。"

9.1.3.2 保险人履行的合同义务

1.保险合同成立后的签单义务

签单义务是指保险人在接受投保申请之后，应及时向被保险人签发保险单或其他保险凭证。签单意味着保险人与被保险人订立的保险合同有了书面凭证，将得到法律的认可与保护。如保险人不及时履行签单义务，意味着保险合同尚不具备书面形式，当事人的权利义务关系不能产生法律约束力。

2.保险事故发生后的赔偿给付义务

保险人的赔偿义务是海洋保险合同中的主要责任，当保险标的因约定事故造成保险人责任范围内的损失时，保险人须按约定赔偿损失。保险人赔偿义务是海洋保险制度的核心内容，充分体现了保险的损失补偿职能。若保险人拒绝按保险合同约定赔付，如构成犯罪，将依法追究刑事责任；如未构成犯罪，则由保险监管机构对其违法问题进行处罚。

3.支付其他特殊费用的义务

除支付保险事故赔偿金额之外，保险人还需要支付与保险事件相关的其他特殊费用。特殊费用可以包括被保险人为防止或减少赔偿损失的必要合理费用，为确定保险事故的性质、程度而支出的核验费用等。支付其他特殊费用义务体现了保险基本原则中的损失补偿原则，有助于维护双方的正当权益。

9.1.4　争议处理条款

在海洋保险务实中，经常存在因合同当事人对合同内容存在不同的理解，产生纠纷的情况。海洋保险的争议解释原则通常包括文义解释原则、意图解释原则、有利于被保险人解释原则、批注解释原则、补充解释原则；争议处理方法主要包括协商、仲裁、诉讼。

9.1.4.1　争议解释原则

1. 文义解释原则

文义解释原则是解释保险合同最主要的方式，是指按照保险合同条款并结合上下文进行解释。同一词语在保险合同前后文的解释需保持一致，相关专业术语应按照保险法律、法规及保险习惯进行解释。文义解释原则在我国通常包括对保险合同一般文句的解释、对保险专业术语和其他专业术语的解释两个方面。

2. 意图解释原则

保险合同是基于双方的意图而订立的，在对保险合同出现争议时，需尊重订立合同时双方的真实意图来进行解释。意图解释原则通常是在条款内容含糊不清、文义混乱的情况下，文义解释原则难以适用时，作为辅助性的解释方法。根据保险合同的内容、订立时的实际情况，进行逻辑分析、演绎推定。

3. 有利于被保险人解释原则

保险合同为附合合同，合同的具体内容一般由保险人起草。而根据国际惯例，附合合同的解释需遵循有利于非起草人解释原则，以维护非起草人的合法权益。因此在目前的海洋保险实践中，如依据文义解释原则、意图解释原则均无法对保险合同进行合理解释时，通常作出更加有利于被保险人一方的合同解释。当然，法院或仲裁机构作出有利于被保险人的解释时也需尤为慎重，且协商性保险合同并不适用该原则。

4. 批注的解释原则

保险合同为标准化合同，条款内容相对统一，但在目前的海洋保险实践中，保险当事人如果需要就保险标的的实际情况对合同内容进行磋商、调整，往往采用批注、附加条款等形式。新的附加的内容反映了合同订立的真实情况，当修改内容与原内容出现不一致时，往往适用批注优于正文、后加批注优于先加批注的解释原则。

5. 补充解释原则

补偿解释原则适应于保险合同条款内容不完整或有较大遗漏的情况，通常可以借助国际惯例、商业习惯、公平原则对海洋保险合同进行补充解释，从而使合同能继续执行。

9.1.4.2 争议处理方法

1. 协商

协商是在第三方的主持下，合同双方基于自愿、互谅、实事求是的基础，解决纠纷的方式。协商是最为经济、高效的解决争议的方法，相对于仲裁和诉讼，协商能节约大量的时间成本、经济成本，同时合同双方当事人通过协商的过程能增进对彼此的了解，有利于保险合同后续的顺利履行。根据主持调解的第三方身份不同，协商可以分为民间协商、仲裁协商和司法协商。

2. 调解

调解是指在合同管理机关或法院的参与下，通过说服教育，使双方自愿达成协议，平息争端。调解是建立在双方自愿的基础上，如一方不愿接受调解，就不能进行调解。如调解未达成预期目标或调解后有反悔，后续可以继续进行仲裁或诉讼。

3. 仲裁

仲裁是由仲裁机构的仲裁员对当事人双方发生的争执、纠纷作出裁决。在仲裁过程中，仲裁员并非开展双方调解工作，而是基于现实情况作出裁决，且目前各国实行的是"一裁终局"制，仲裁员所作出的裁决具有法律效力，当事人必须服从裁决决定。仲裁的优点在于该模式是基于双方意愿所进行的，不是一方对另一方的强制要求，且仲裁机构由经验丰富的专家构成，仲裁时会考虑保险经营的商业习惯，仲裁结果具有较强的合理性，且效率较高。但其也具有一定的局限性，仲裁通常费用较高，且仲裁协议形式要件固定。

4. 诉讼

诉讼是由国家审判机关对合同双方的争议进行裁决，通常在协商、仲裁无法解决保险合同纠纷时使用。保险合同纠纷案属民事诉讼法范畴，法院在受理案件时，实行级别管辖和地域管辖、专属管辖和选择管辖相结合的方式。《中华人民共和国民事诉讼法》第二十四条规定："因保险合同纠纷提起的诉讼，由被告住所地或者保险标的物所在地人民法院管辖。"

我国现行保险合同纠纷诉讼案件与其他诉讼案一样实行的是两审终审制，如当事人不服一审法院判决的，可以在法定的上诉期内向高一级人民法院上诉申请再审。二审判决为最终判决。一经终审判决，立即发生法律效力，当事人必须执行；否则，法院有权强制执行。当事人对二审判决还不服的，只能通过申诉和抗诉程序解决。

9.2 海上保险与共同海损

9.2.1 共同海损成立的条件与范围

共同海损是指在海上运输过程中，为了解除货物、船舶遭受海上共同危险而有意进行合理的必要的施救行为所带来的财产损失。这些损失一般是为了保全船货安全，人为有意采取特殊措施而产生的，因此应由船舶、货物、运输方等利益相关方共同分摊。自然灾害或意外事故直接造成的船舶或货物的损失，称为单独海损。在现实情况中，共同海损和单独海损往往交织在一起。

9.2.1.1 共同海损的构成要件

1. 导致共同海损的危险必须是客观真实存在而且威胁船货共同安全

船舶和货物在同一航程中遭受了客观真实的危险，危险是确实存在的，而且这种危险威胁船货的共同安全。例如，运载货物船舶主机损坏，导致船舶失控，危及船舶和货物的共同安全；船舶载货运行中，两者之间具有共同危险关系。

2. 导致共同海损的行为是有意且合理的

有意是指为解除船货危险，即使知道该施救行为会带来一定的损失也会主动地采取措施。合理有限度的施救行为是符合共同海损范围的，反之则不构成共同海损。

3. 共同海损损失必须是共同海损行为所直接造成的特殊牺牲或额外费用

在正常的航运情况下是不会产生共同海损损失的，只有当船货发生危险时，为摆脱险境采取的共同海损措施所直接造成船货的特殊牺牲或额外费用才为共同海损。例如，为扑灭舱内火灾造成的货物湿损，属于共同海损特殊牺牲；船舶在航行中发生碰撞不能续航影响船货安全，驶入避难港修理，为此支出的燃料费、修理费、物料费和港口使用费等，这些在正常航运情况下不会产生的营运支出属于共同海损费用。

4. 共同海损的行为是有效的

采取的有意且合理的行为使船货双方摆脱了险情，最终保证了船货的安全。这里的有效并不一定指全部财产获救，只要船货有部分财产能够得到获救即可。共同海损的相关费用和牺牲最终由获救方分摊。

9.2.1.2 共同海损的范围包含两种损失：共同海损牺牲和额外费用支出

共同海损牺牲是指由于共同海损行为导致船货直接的损失，例如抛弃措施导致的货物损失、封舱救火导致的船货损失、到付货物运费损失以及其他行为导致的损失。

额外的费用支出是由于共同海损行为所发生的额外费用支出，包括向第三方申请救助船货的费用、避难港费用等与共同海损有直接关系的费用和代替费用。

9.2.2 共同海损理算规则

共同海损理算的依据是理算规则，理算规则规定了共同海损的成立条件、共同海损损失和费用的范围以及分摊共同海损的标准。同一共同海损，根据不同的理算规则，可以得出不同的理算结果。国际上为了保证理算结果的统一，统一适用的规则是《约克-安特卫普规则》，我国也制定了我们自己的理算规则《北京理算规则》。

9.2.2.1 《约克-安特卫普规则》

19世纪中叶，为了统一共同海损的法律，英国社会科学家会同欧洲各海运国家的航运、保险及共同海损理算等各界人士，在英国格拉斯哥制定了《格拉斯哥决议》，随后在1864年和1877年先后两次在英国的约克城和比利时的安特卫普对该决议进行了修改，正式定名为《约克-安特卫普规则》，该规则规定了共同海损损失的基本类型和分摊补偿的基本方法。后于1890年、1924年修订，其中1924年修订时又确定了共同海损的定义和补偿总原则。之后又于1950年、1974年、1999年和2004年进行了修订，最新修订于2016年。2016年5月，国际海事委员会通过了2016年《约克-安特卫普规则》，规则六将2004年《约克-安特卫普规则》排除的救助报酬重新以"列入+除非"的方式纳入共同海损。每次修订新增的规则与原定规则都是并存的关系，只要当事人愿意，可以在合同中明确规定选择哪一年的规则。

其中1974年的修订最终形成了由1条解释规则、7条字母规则、21条数字规则构成的独特结构，以不同的条款形式互为补充的方法满足理算的要求，至今产生广泛影响。该规则虽然是一个民间规则，却成为世界航运界普遍使用的共同海损理算规则。该规则经过多次修订后成为国际上最有影响力的海损理算规则，被普遍列入提单、租船合同和保险单中。

9.2.2.2 《北京理算规则》

中国国际贸易促进委员会共同海损理算处在1975年参照《约克-安特卫普规则》的基础上，总结我国海损理算的工作经验，正式颁布了《中国国际贸易促进委员会共同海损理算暂行规则》（简称《北京理算规则》），自1975年1月1日起施行，是我国共同海损理算的主要依据。

该规则概括了共同海损理算的主要内容，包括共同海损的范围、原则、金额计算、共同海损分摊、利息、手续费、共同海损的担保及时限等内容。与《约克–安特卫普规则》相比，《北京理算规则》更简明扼要，强调了实事求是、公平合理的原则，简化了烦琐的共同海损理算手续和计算。根据《北京理算规则》，对于性质简单的案件可进行简易理算；对于小额的共同海损案件可以在征得当事人同意后不进行理算。《北京理算规则》是一种民间规则，只有双方当事人决定采用该规则时，才会有法律约束力。当事人如果约定发生的共同海损在中国理算，那么默认按《北京理算规则》计算。

《中华人民共和国海商法》参照《1974年约克–安特卫普规则》对共同海损制定了11条法律规定，但由于均为非强制性的，因此，在确定共同海损理算规则的适用问题上，《中华人民共和国海商法》第二百零三条规定："共同海损理算，适用合同约定的理算规则，合同未约定的，使用本章规定。"

9.2.3 共同海损分摊

9.2.3.1 共同海损损失金额的确定

共同海损损失金额包括船舶、货物和运费三种损失金额。

根据《中华人民共和国海商法》第一百九十八条第一项的规定，船舶共同海损的损失金额的确定主要包括三种情况：一是发生共同海损已修理的船舶，按照实际支付的修理费减除合理的以新换旧的扣减额计算；二是尚未修理的，按照发生损失后造成的合理贬值计算，但不能超过估计的修理费用；三是实际全损或者修理费用超过修复后的船舶价值的，共同海损确认的金额按照该船舶完好状态下的估计价值，减去不属于共同海损范围的估计修理费和该船舶受损后的剩余价值确定。

根据《中华人民共和国海商法》第一百九十八条第二项规定，货物共同海损的确认金额要按照货物在装船时的价值加保险费加运费基础来计算。货物灭失的，按照货物在装船时的价值加保险费加运费，减除由于牺牲无须支付的运费计算。货物损坏，在就损坏程度达成协议前售出的，按照货物在装船时的价值加保险费加运费，与出售货物净得的差额计算。同理，在计算货物共同海损金额时也要注意扣除不属于共同海损范围的损失和费用。

到付货物运费的损失属于共同海损范围，根据《中华人民共和国海商法》第一百九十八条第三项的规定："运费共同海损的金额，按照货物遭受牺牲造成的运费的损失金额，减除为取得这笔运费本应支付，但是由于牺牲无须支付的营运费用计算。"同样，在计算过程中要扣除不属于共同海损范围的运费损失。

9.2.3.2　共同海损分摊价值的计算

共同海损分摊价值是指由于共同海损而实际受益的财产价值与遭受共同海损损失的财产。共同海损分摊价值反映在实例中是指船货到达目的港或航程终止港的实际价值，加上牺牲或损失的金额，运费同理。

根据《中华人民共和国海商法》第一百九十九条第一项的规定，计算船舶共同海损分摊价值按照船舶在航程终止时的完好价值，减除不属于共同海损的损失金额计算；或者按照船舶在航程终止时的实际价值，加上共同海损牺牲的金额计算。

根据《中华人民共和国海商法》第一百九十九条第二项的规定，当货物被运抵目的港但尚未出售的，货物分摊价值，按照货物的到岸价值减去不属于共同海损的损失金额和承运人承担风险的运费计算；当货物在运抵目的港之前售出的，按照货物出售的净得金额加上货物的共同海损牺牲金额计算分摊价值。

运费分摊价值是指承运人因承担到付的运费风险，在共同海损行为中受益，因而可以参加共同海损分摊的运费数额。根据《中华人民共和国海商法》第一百九十九条第三项的规定，运费的分摊价值按照承运人在航程终止时有权收取的运费，减去为取得该项运费而在共同海损事故发生后所支付的营运费用，再加上运费的共同海损牺牲金额计算。

9.2.3.3　共同海损分摊金额的确定

共同海损由受益方按照各自分摊价值的比例分摊。

首先，计算出共同海损百分率。

共同海损百分率=共同海损牺牲和费用的总金额/共同海损分摊价值总额

其次，计算船舶、货物和运费各自的分摊金额。

各受益方的分摊金额=各受益方的分摊价值×共同海损百分率

9.2.4　海上保险下保险人对共同海损的责任

一般情况下，船舶保险单和海上货物运输保险单中都设有共同海损条款。海上保险人承担的是在保险责任范围内保险标的所应分摊的共同海损责任，即对保险标的遭受的共同海损牺牲和费用分摊的赔偿。

需要注意的是，保险人对共同海损的赔偿以保险责任的赔偿限度为基础。当保险标的共同海损分摊价值等于或小于保险价值时，保险人可以按照共同海损的分摊价值全额赔偿。当保险标的共同海损的分摊价值大于保险价值时，根据《中华人民共和国海商法》第二百四十一条的规定："保险金额低于共同海损分摊价值的，保险人按照保险金额同分摊价值的比例赔偿共同海损分摊。"仅考虑共同海损的分摊价值和保险金额，不考虑保险价值。

　　其中，对保险标的共同海损牺牲的部分，在共同海损分摊金额中不考虑保险价值与分摊价值的不足额问题直接进行赔偿，被保险人可以在共同海损之后就取得赔偿。保险人先行赔付后取得就这部分共同海损向其他利益方索取共同海损分摊款项的权利。而对于其他的共同海损损失，则是在共同海损分摊金额中考虑保险价值与分摊价值的不足额问题后再进行赔偿。

◆ 拓展阅读 >>>

"强风"来袭，是否构成共同海损？[①]

【案例正文】2016年9月，中国石油化工股份有限公司广州分公司委托广东瑞高海运物流有限公司（以下简称瑞高公司）通过海运运输一批石油，约定从广东黄埔港石化码头运送至宁波镇海，运输数量为5 999.44吨，同时货方向中国太平洋财产保险股份有限公司宁波分公司（以下简称太保公司宁波分公司）投保了货物运输保险。9月12日，瑞高公司下属"某某9"轮在装载货物完毕后，从广州黄埔石化码头起航。9月13日，瑞高公司向"某某9"轮抄送台风预报，台风"莫兰蒂"预计3日后登陆，要求其做好防范台风的安全措施。翌日，"某某9"轮行驶至福建泉州海域时，遭受台风严重侵袭，此时"莫兰蒂"已加强为超强台风，经船长与瑞高公司沟通后，决定进入泉州围头湾抛锚避风。15日2时许，"某某9"轮在避台过程中锚位发生移动，主机突然停车失去动力，3时36分船舶发生搁浅，船长立即向泉州海事部门报告。7时30分许，"某某9"轮在涨潮期间自行起浮脱浅，由于地处养殖区以及恶劣天气、海况等原因，无法实施拖带，船舶在落潮时再次搁浅。9月16日上午，救助工作全面展开，"某某9"轮得以成功脱险。

　　事故发生后，瑞高公司宣布共同海损，经上海海损理算中心核算，货方应承担共同海损分摊人民币2 236 094.52元，太保公司宁波分公司作为保险人，应当按照约定及时支付分摊金额。而太保公司宁波分公司认为瑞高公司存在明显过失，拒绝分摊共损。

　　【思考题】保险公司是否应当分摊共同海损金额？为什么？

　　【要点提示】本案例的焦点在于是否因不可抗力导致了共同海损事故的发生。

[①] 详见上海市高级人民法院中国太平洋财产保险股份有限公司宁波分公司与广东瑞高海运物流有限公司共同海损纠纷上诉案。

不可抗力是指不能预见、不能避免并不能克服的客观情况。从不能预见角度分析，船舶在起航后才收到台风预报，且预报台风3天后才登陆，船长无法准确预见台风路径与船舶避险航线。从不能避免角度分析，船舶在遇险后已及时采取抛锚避风等合理措施，且船舶具备防台航行的能力。从不能克服角度分析，"莫兰蒂"属17级超强台风，超过了船舶的一般抗风等级，不能克服。因此，本事故是因不可抗力造成的，保险公司应当分摊共同海损金额。

◆ **拓展阅读** >>>

多重损失，都属于共同海损?

【案例正文】甲贸易公司委托乙船舶公司运输一批货物，约定货物以船舶海路运输的方式由厦门运往日本。同时，货方向保险公司投保了货物运输保险，保险金额为30万元。5月11日，乙船舶公司下属的"375"轮满载货物由厦门港口起航。然而仅航行两天后，"375"轮因设备故障，致使船舱起火，且火势较大。为保障船舶和货物的共同安全，船长下令向船舱内灌水灭火，经船员奋力抢救后，大火得以扑灭，但船舶主机和部分甲板已被烧坏，船舶已无法继续航行。5月16日，"375"轮由拖船拖至附近港口进行维修。5月18日，"375"轮得以重新起航，后顺利到达目的地。

本案例涉及的损失主要有：第一，船舶起火导致800箱货物被烧毁；第二，向船舱内灌水导致1 500箱货物受到损失；第三，主机和部分甲板被烧坏产生的损失；第四，船舶被拖至港口产生的拖船费；第五，船舶额外增加的燃料费。

【思考题】本案例中提到的各项损失均属于共同海损吗？为什么？

【案例提示】本案中的损失涉及单独海损和共同海损。因船舶起火产生的货物损失与主机和部分甲板被烧坏产生的损失属于事故直接造成的船舶或货物的损失，这两部分应属于单独海损。而因灌水救火产生的货物损失、拖船费、额外增加的燃料费是为了解除货物、船舶遭受海上共同危险而有意进行合理的必要的施救行为所带来的财产损失，属于共同海损。

9.3   海洋保险合同案例

9.3.1   单一风险因素分析

9.3.1.1   海上货物运输保险合同案例

◆ 拓展阅读 >>>

除外责任的判定与争议解释原则的应用[①]

【案例正文】2020年3月，全球首个单柱式半潜智能化深海渔场"海峡1号"由"海洋石油278"轮从浙江舟山运往福建宁德海域安装投放。福建某公司就此投保了海上货物运输一切险，保险金额1.5亿元，承保条款为2009年1月1日版英国伦敦保险协会货物运输保险条款（A）。运输途中，渔场因底网方管及网箱等受损，产生修复费用等1 300万元。理赔过程中，保险人提出事故原因有两点，一是保险标的物自身的潜在缺陷，二是被保险人包装准备不足，属于合同规定的除外责任等，保险人无须赔偿。

【思考题】本案中保险人是否应当承担赔偿责任？

【要点提示】此案属于非标准体保险标的的重大件运输，纠纷涉及复杂的法律和技术问题。经法院审理，详细比对分析事故报告及各项证据，认定损害是"海洋石油278"轮启航时对渔场并未完成有效系固绑扎所致。同时综合运用争议解释原则中的文义解释原则、意图解释原则和有利于被保险人解释原则等，对保险除外责任条款的含义作出详细解释，明确事故不属于除外范围，判定保险公司赔付保险赔偿1 100万余元。

◆ 拓展阅读 >>>

海上预约保险合同中被保险人迟延填报保单保险人能否因此拒赔？[②]

【案例正文】2016年4月7日，辽宁图越物流有限公司（以下简称图越物流）与中国平安保险（集团）股份有限公司（以下简称平安保险）签订海上预约保险协议，投保险别为综合险，协议有效期为2016年4月8日至2017年4月7日，图越物流支付了保险费。2016年9月4日，图越物流委托承运人运输的大理石装船起运。9月6日，图越物流申报该宗货物的投保事宜，保险金额100 000元。9月7日，平安保险

---

①② 参考资料来源于中国海事审判网。

出具保单。9月18日，该批货物在卸货拆箱时发现严重破损。图越物流认为，图越物流作为被保险人、平安保险作为保险人，签订了海上预约保险协议。平安保险对于在保险责任期间内发生的货损，依约应履行赔偿义务。平安保险则认为，依据双方海上预约保险协议约定，图越物流应在货物起运前5日申报保险，但在涉诉分合同履行中，图越物流隐瞒事实，在货物起运后才通知保险人，属延迟申报，违反协议约定，因此拒绝赔付。

法院审理认为，图越物流与平安保险签订的海上预约保险协议合法有效，涉案保险事故发生在保险人保险责任期间。案涉货物保险金额100 000元，不足协议约定保险金额200 000元，图越物流无须在起运前5日通知保险人。图越物流虽延迟申报，平安保险未能举证证明也未能充分说明其为恶意延迟，该延迟通知行为导致风险增加或影响其判断真实风险，并由此造成损失扩大或无法核实损失，不符合协议约定和《中华人民共和国海商法》规定的拒赔情形。本案当事人之间存在两个保险合同，一个是案涉海上预约保险协议，即总合同；另一个是案涉具体保险合同，即分合同。总合同中并未明确约定"晚报"的责任，仅能从相关条款的约定和当事人之间的交易习惯中理解。鉴于以往有两次图越物流延迟通知平安保险仍予理赔的事实，可以印证双方存在"晚报"仍予以理赔的交易习惯，故图越物流延迟通知并不属于违约，平安保险应予赔偿。

【思考题】在海上预约保险分合同履行中，被保险人在货物起运后申报保单，保险人是否可以以"投保人隐瞒事实，违反协议约定提前通知义务"为理由拒赔？

【要点提示】海上预约保险合同范围内的各批次货物一经起运，保险人对该批货物的保险责任即自动开始，直至其运抵最后仓库。被保险人的通知时间或保险人签发保险单证的时间不影响各批次货物的保险责任。即被保险人既可以事先通知，也可在货物起运后的合理期限内及时通知，除非被保险人在通知时已经知道或应该知道保险标的已经发生损害，保险人不能仅以被保险人延迟填报保单为由拒赔。

9.3.1.2 船舶碰撞保险合同

◆ **拓展阅读 >>>**

船舶不适航与保险事故有因果关系保险公司是否赔偿? [1]

【案例正文】陈某某为其所有的"宁高鹏3368"轮向中国人民保险集团股份有限公司（以下简称人保）高淳支公司投保沿海内河船舶一切险。该保险条款规定，由于船舶不适航、不适拖（包括船舶技术状态、配员、装载等，拖船的拖带行为引起的被拖船舶的损失、责任和费用，非拖轮的拖带行为所引起的一切损失、责任和费用）所造成的损失、责任及费用，保险人不负有赔偿责任。2016年3月13日，"宁高鹏3368"轮在运输过程中发生触碰事故，事发时在船船员三人均无适任证书。岳阳海事局认定该轮当班驾驶员未持有《内河船舶船员适任证书》，违规驾驶船舶、操作不当是造成事故的直接原因，该轮对上述事故负全部责任。陈某某就事故损失向人保高淳支公司提出保险理赔。保险公司认为，船员操作不当是导致发生触碰的直接原因，且船员没有适任证书、船舶未达最低配员标准，船舶不适航属于除外责任，故拒绝赔偿。

【思考题】你认为保险公司拒绝理赔是否合理?

【要点提示】该案依法认定涉案船舶未配备持有适任证书的船员属于船舶不适航，在船舶不适航与保险事故有因果关系的情况下，依照保险条款免除保险人的赔偿责任。

9.3.1.3 海上保险中的代位求偿

◆ **拓展阅读 >>>**

互有过失、相互侵权时保险人行使代位求偿抗辩权的处理 [2]

【案例正文】2017年10月6日，福建海通发展股份有限公司（以下简称福建海通）所属"和波"轮与钦州市南方轮船有限公司（以下简称钦州南方）所属"方舟568"轮在山东省石岛以南处发生碰撞，导致"和波"轮船艏损坏。2017年12月19日，青岛海事局出具事故调查报告，认定本次事故双方均有过失，"和波"轮承担

---

[1] 参考资料来源于中国海事审判网。
[2] 参考资料来源于中国海事审判网。

主要责任，"方舟568"轮承担次要责任。2017年10月14日，福建海通委托浙江东邦修造船有限公司对"和波"轮进行维修，支付维修费881 831元。随后中国太平洋保险（集团）股份有限公司（以下简称太平洋保险）委托融信达保险公估（天津）有限公司进行评估，根据评估结论向福建海通赔付608 191.65元，取得了保险代位求偿权。太平洋保险认为，钦州南方应承担本次事故50%的碰撞责任，应支付其保险赔付款304 095.8元，并按中国人民银行同期贷款利率支付自赔付之日起至实际支付之日止的利息。

2019年9月，钦州南方以福建海通为被告向法院提起船舶碰撞损害责任纠纷诉讼，请求判令：福建海通对碰撞事故承担90%的赔偿责任，钦州南方承担10%的赔偿责任；福建海通赔偿钦州南方"方舟568"轮损失4 404 479.76元。法院审理认为，"和波"轮对本案船舶碰撞事故承担75%的责任，"方舟568"轮承担25%的责任。综上，法院确认钦州南方应承担"和波"轮修理费损失152 047.9元以及相应利息损失，但因此项损失与钦州南方另案索赔的损失基于同一事故、同时产生，钦州南方享有同时履行抗辩权，太平洋保险尚无权请求确认自己对钦州南方享有相应债权或要求给付相应赔偿款，可待案件结果生效后再视情依法行使相应权利。

【思考题】互有过失、相互侵权情境下，保险人行使代位求偿时抗辩权如何处理？

【要点提示】互有过失的相互侵权中，一方对另一方的起诉索赔未提出反诉或抵销抗辩，但其保险人赔付损失后另案代位向另一方提起给付赔偿款诉讼的，另一方作为债务人能否将对被代位人享有债权的抗辩向保险人行使，法律没有明确规定。因代位求偿权的性质为侵权损害赔偿请求权的转让，故相应债务人可以参照适用合同债权转让中债务人抗辩权行使的规定，向保险人主张抵销，抵销权的行使要求债务人对让与人享有债权，未必需要债权数额确定，如可确定己方债权必定大于本案债务，也可概括抵销。因两个债务源于同一侵权事实且同时发生，故债务人也可参照适用合同同时履行抗辩权的规定，以己方损害赔偿尚未确定为由，提出同时履行抗辩。

9.3.2 综合性案例分析

◆ 拓展阅读 >>>

跨境电商"破局出海"，保险护航抵风浪

【案例正文】新冠疫情的暴发给出口行业造成了巨大损失，但疫情引发的线上消费需求激增却为跨境电商行业提供了新的发展机遇。跨境电商业务规模和贸易额的迅速增长，使得解决行业发展的资金支持瓶颈问题迫在眉睫。传统的财政补贴模式，在化解跨境电商"融资难""融资贵"问题面前则更显得"力不从心"。近期，"信贷+补贴""信贷+补贴+保险"等金融创新支持模式不断出现，为促进跨境电商与金融市场的互利共赢，提供了较为理想的协同方案。案例围绕助力跨境电商"破局出海"，分析保险服务与跨境电商平台合作发挥的重要作用，解析跨境电商"卖全球"中保险动力的功能与定位，并对保险市场在助力小微企业转型升级、破局发展中所承担的社会责任进行思考。

在全球化的大时代背景下，越来越多的消费行为从线下转到线上，线上消费需求的增加推动了跨境电商的快速发展。通过跨境电商平台出口成为中小微企业创收的重要途径之一，越来越多的跨境电商企业走上了"出海"之路。但由于跨境电商是一个全链条、轻资产、重资金的行业，跨境电商的商品跟消费者之间通常夹着两道国门，涉及清关、国际干线物流以及落地配送等多项复杂流程。针对以上问题，政府积极引导金融市场参与其中，以信贷作为动力支持，为跨境电商企业提供资金融通，帮助跨境电商扬帆起航；以保险为出海护航，为商品物流运输过程中的风险提供保障；以财政支持作为上岸踏板，为外贸出口企业提供退税优惠政策，帮助出口企业降低成本、提高商品竞争力。这些政策和金融服务帮助出口外贸企业和跨境电商平台摆脱了企业规模、经营模式和轻资产经营的限制，提供资金融通，充分发挥普惠金融的作用，解决了中小微企业融资难和资金链断裂的问题，使越来越多的企业可以利用互联网的高速发展，通过跨境电商这个平台和物流链条实现顺利"出海"，商品出口落地世界各国。

1. 信贷助力促起航

1）海关数据助融资

为了解决小微企业融资难、融资贵的难题，2020年3月18日，"关助融"线上版在"征信苏州"网站平台正式发布。"关助融"项目是苏州工业园区海关牵头，联合苏州工业园区管委会和中国人民银行苏州支行共同推出的一项惠企创新举措。借助于海关所掌握的企业进出口贸易额、税额、信用等级等大数据，企业向海关提交"关助融"申请后，银行根据海关的反馈信息，就可以向符合标准的企业发放相应的"关助融"贷款，既解决了企业融资难题，又为银行放贷提供了优质客户。

"关助融"项目自2019年6月开始试点以来，已有65家企业提出数据申请、36家企业完成授信，授信金额达26.8亿元。苏州工业园区海关办公室财务科副科长王屾说："'关助融'项目从线下走到线上，企业'足不出户'就能完成申请，企业线上申请数据，海关线上管理数据，银行线上处理数据，真正做到了用'网路代替马路'，让企业少跑路，数据多跑路。"

2）政府拨款降风险

近年来，苏州高新区跨境电商发展迅速，跨境电商B2C（9610）业务规模连续两年位列全市第一。高新区最新出台的《关于印发"海贸贷"风险补偿资金池实施方案的通知》提出，将进一步助力区域电商企业解决融资难问题，持续优化跨境电商产业发展外部环境。2021年1月29日，苏州高新区举行"海贸贷"金融产品发布会，苏州高新区综保区的苏州海贸通跨境电子商务产业服务有限公司作为"海贸贷"运营管理方，与浙商银行苏州新区支行、中国工商银行苏州新区支行等银行签订战略合作协议。"海贸贷"是在"苏贸贷"基础上，通过政府、平台、银行三方优势，为跨境电商企业"做加法"，用风险补偿专项资金来提高银行为中小微企业及跨境电商企业授信的积极性，不再需要强抵押、强担保。"海贸贷"通过线上平台搭建，实现贸易流、物流、信息流、资金流"四流合一"，同时将促进跨境电商企业数据沉淀，引导企业阳光化转型。

2.保险护航抵风浪

1）产品责任险

2021年2月，跨境电商平台亚马逊的部分供应商收到邮件通知，限定其在30天内提交平台销售产品的商业综合责任保险凭证，若逾期不能提供，该商品将面临在亚马逊禁售的风险。

作为亚马逊推荐的保险供应商之一，安达保险（Chubb）迅速推出了"亚马逊供应商定制保险方案"，为国内供应商提供能满足合同要求且性价比极高的解决方案。安达保险相关负责人介绍说，针对此次亚马逊的具体要求，安达保险的定制方案涵盖100万美元赔偿限额的产品及完工操作责任风险保障，这也是此次亚马逊的核心要求。此外，卖家可根据自身情况，选择加保同等赔偿限额的场所或运营责任保障和个人及广告权利侵害责任保障。目前国内已投保商业综合责任保险的企业大多是外向出口型，应海外买家的合同要求投保。当第三方因供应商的产品缺陷造成伤害或者损失而提起索赔或者诉讼时，产品经销商或平台作为优先被索赔方，可直接要求供应商启动供货前安排的产品责任险保单，从而由保险公司根据保单约定承担相应的赔偿金额和诉讼费用，简化了经销商或平台向供应商的代位追偿流程，以降低其自身的法律风险暴露。

2）"无忧退"除退货痛点

2019年全球首例跨境电商保险项目——"无忧退"面市，这是国泰财产保险有限责任公司（以下简称国泰产险）与跨境电商平台——阿里全球速卖通（AliExpress，俗称国际版淘宝）合作的项目，以保险+服务的模式，精准打击跨境电商行业退货痛点，帮助国内商户卖出国门，助力跨境平台发展。

简单来说，就是速卖通为平台商户投保，若商户订单出现退货情况，由保险公司根据由此产生的损失对商户进行补偿。关于退货，现行主流的解决方案是由平台统一或者是商户自行与当地的海外仓合作。相比之下，"无忧退"项目在助力解决跨境贸易商户和跨境平台实际问题方面均有突出优势。大部分海外仓货品集中退回国内的关税易出现纠纷，商品退入海外仓后，一些卖家因退货产生的费用（如关税）问题会设置退货门槛影响买家退货。而在"无忧退"项目中，运费由保险公司承担，退货商品由保险公司集中在海外通过下游服务商处理，不涉及关税等物流费用，商品退货成本均由保险公司承担，卖家无须担心货品处理问题，极大解决了卖家因退货所产生的一系列费用问题。相对海外仓，"无忧退"在退货环节为用户和商户提供的解决方案更优。国泰财险整合了多国的物流资源及残值服务资源，沉淀了在跨境电商退货环节的能力，提高了跨境平台服务端的能力。

3. 出口退税保上岸

随着外贸形势复杂严峻，企业生产成本不断上涨、利润下降，退税速度直接影响跨境电商企业的资金运转。出口退税是国际惯例，但按正常程序，外贸企业拿到退税款通常需要一个周期。按照世界贸易组织（World Trade Organization，WTO）的规则，企业出口电子、服装、机电等产品可享退税，但由于资金、手续等原因，如果按正常程序办理，企业拿到退税款短则需3个月左右，长则半年，若退税不及时，常出现过亿的资金被占用的情况，能否较快拿到退税资金对企业实现良性循环非常重要。在此背景下，设立出口退税资金池，可以实现"即出即退"，有效帮助企业加快资金周转率。出口退税资金池为出口企业和跨境电商的出海之路搭起上岸的最后一块踏板，降低企业出口成本，提高出口商品的价格竞争力，助力跨境电商出口的商品成功在海外落地销售。

【思考题】

1.在跨境电商行业快速发展的态势下，政府、金融市场助推跨境电商发展的力度也在不断加大，"信贷+保险""信贷+补贴+保险"等创新模式不断涌现。请结合案例分析不同方案解决跨境电商资金需求的效果，并结合区域跨境电商市场和金融环境，为保险产品支持跨境电商发展提出对策建议。

2.请分析保险机构面临的风险与可能获得的收益。

3.跨境电商平台亚马逊要求卖家购买产品责任险，为产品提供了责任保障的同时简化了代位追偿流程。请结合案例，分析产品责任险的主要特征。

4.随着金融市场的发展和跨境电商行业的成长，保险机构通过产品创新，不断为跨境电商"远洋航行"提供更多保障。请结合案例，分析保险机构在促进中小企业转型、区域特色产业破局发展中的作用。

【要点提示】

1.在跨境电商行业快速发展的态势下，政府、金融市场助推跨境电商发展的力度也在不断加大，"信贷+保险""信贷+补贴+保险"等创新模式不断涌现。请结合案例分析不同方案解决跨境电商资金需求的效果，并结合区域跨境电商市场和金融环境，为保险产品支持跨境电商发展提出对策建议。

1）跨境电商运营模式

从跨境电商运营模式（图9-1）中可以看出，其运营流程主要涉及境内外银行等金融机构、物流公司、海关以及买方等，跨境电商货物流流程并不复杂，但由于涉及跨境运输和支付，资金回流较慢，且缺乏优质抵押品，其获取银行信贷的门槛并不低，融资难、融资贵问题较为常见。

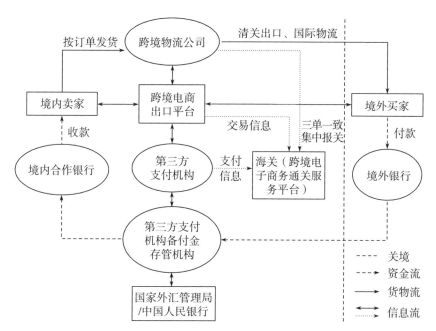

图9-1　跨境电商运营模式

2）金融支持跨境电商方案分析

① 传统信贷限制多

传统金融机构如银行一般在信贷业务中会从风控维度考量财务和非财务等一系列指标去评估业务风险，而由小微企业转型的跨境电商在这一系列指标上远不如大型企业齐全和规范，如果以银行的风控逻辑去做风险评估，需要耗费大量时间、人力成本，面向跨境电商开展贷款业务的利润并不足以覆盖这一成本。以银行传统信贷模式（图9-2）为例，流程一般有六步，整个流程下来，一般需两个星期到一个月，如果某些材料（如财务资料、公司资质等）不合格被卡住，还会延长审核时间。

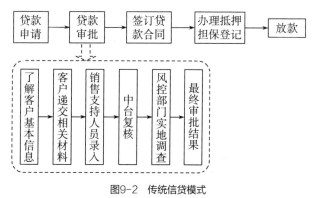

图9-2　传统信贷模式

② 海关授信控风险

跨境电商轻资产以及运营过程中产品、物流风险大等特点不利于其贷款申请，作为最"了解"跨境电商的机构，海关汇集了跨境电商平台、跨境仓储或物流企业以及支付机构的信息（图9-3）。海关作为跨境电商和银行之间的信用中介，利用线上大数据给当地跨境电商授信，极大地降低了银行给跨境电商贷款的信用风险。以海关大数据评定代替以往银行烦琐的线下审查过程，提高了信贷审批效率，同时以进出口贸易额、税额、信用等级而不是担保、抵押为授信依据，为更多资信状况良好的中小型电商提供了新的融资机会。

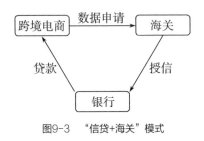

图9-3 "信贷+海关"模式

③ 财政补贴助融资

针对跨境电商缺少优质抵质押品、信贷获得难度大的问题，政府补贴的资金池可以为跨境电商提供担保，分担部分违约风险，提高跨境电商融资能力（图9-4）。

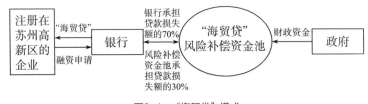

图9-4 "海贸贷"模式

相比于传统直接补贴跨境电商的形式，政府建立风险补偿资金池的方式有利于引导商业银行积极开展跨境电商信贷，扩大贷款对象范围，促进银行与跨境电商合作的良性循环。并且政府参与跨境电商授信使得跨境电商违约的潜在成本提升，有利于降低跨境电商违约风险。

④ 保险保障护运营

跨境电商的物流（图9-5）从国内到国外或者从国外到国内，其中还包括两次清关以及多次检查，因此运输周期比一般传统的电商业务都要长，货物磨损以及丢

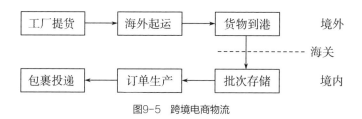

图9-5 跨境电商物流

失风险都大大增加。

保险公司通过推出创新型保险产品为跨境卖家提供责任保障以及物流保障服务
（图9-6），对用户退货、退款、延误等风险提供相应的赔偿。其中，物流保主要
针对退换货过程中的费用赔付；相关责任保险产品通过正品保证保障服务、产品来
源保证保障、有效期保证保障服务以及常见的"假一赔十"等向购买者作出第三方
信用承诺；针对跨境电商两次清关、交易成本高的问题，关税保证保险相对于传统
银行保函的费用更低，并且有了保险公司担保的保单可以先通关后缴税，保险市场
不仅分散了跨境电商的运营风险，还可以加快跨境电商资金周转。

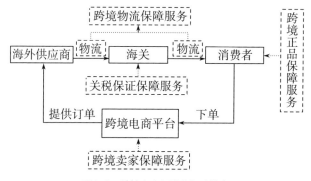

图9-6 跨境电商保险全保障模式

2. 请分析保险机构面临的风险与可能获得的收益。

可以借助"补贴+保险"模式（图9-7），根据各参与主体的得益目标，分析主
体的风险、收益情况。例如，保险机构作为市场稳定器，在提供风险分散渠道的同
时，需要实现自身利润最大化。跨境电商作为经营主体，在追求利润最大化的同
时，需要以适度的成本、合理的方式规避风险。根据企业规模与实力的不同，其投
保的额度也有明显的差异，并且出于降低成本的目的，以尽可能低的保费获取尽可
能高的保障始终是企业关注的重点。而政府则更重视社会总效用的最大化，通过提
供财政补贴，引导更多的企业参与跨境电商保险，以提高市场抵御风险的总体能
力，并在此过程中也将借助金融市场，为企业提供资金支持，切实解决"融资难、

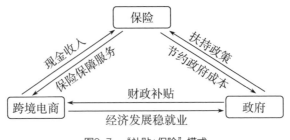

图9-7 "补贴+保险"模式

融资贵"问题。

3.跨境电商平台亚马逊要求卖家购买产品责任险，为产品提供了责任保障的同时简化了代位追偿流程。请结合案例，分析产品责任险的主要特征。

当第三方因供应商的产品缺陷造成伤害或者损失而提起索赔或者诉讼时，产品经销商或平台可直接要求供应商启动产品责任险，简化了经销商或平台向供应商的代位追偿流程。

4.随着金融市场的发展和跨境电商行业的成长，保险机构通过产品创新，不断为跨境电商"远洋航行"提供更多保障。请结合案例，分析保险机构在促进中小企业转型、区域特色产业破局发展中的作用。

1）推动制造业转型升级

跨境电商经营模式为制造业企业转型升级提供了新方向。一方面，对于规模较大、有充足资金的企业，通过开展自营式跨境电商业务可以为更多的客户提供灵活便捷的服务；另一方面，对于中小企业而言，则可以借助第三方跨境电商平台开展企业对企业（Business-to-Business，B2B）或商对客（Business-to-Consumer，B2C）出口业务。借助平台提供的较为成熟的业务模式和流程，拓展销售渠道和利润来源。2020年初，新冠疫情暴发带来了"宅经济"的巨大需求，电子商务线上服务远距离、无接触式的业务模式恰好满足了疫情防控期间的日常生活用品需求。在"海贸贷"的政府、银行和平台三方合作的信贷模式下，通过政府财政出资设立的风险补偿资金池撬动金融杠杆，为跨境电商出口企业的业务经营和资金周转提供融通资金，借助线上平台的信息集聚和数据汇总功能促进跨境电商企业数据收集。在该案例中，政府、银行和平台三方合作为跨境电商出口企业提供了资金融通服务，帮助使用该跨境电商平台进行出口业务的企业调节其自身资金流状况，同时政府通过专项支持信贷利率的调节和指导，可以实现对于跨境电商出口企业的间接补贴。

国泰产险与阿里全球速卖通合作的"无忧退"保险业务，既保证了消费者的消费体验，又帮助出口商降低了处理退货订单的成本。除了"无忧退"这种退货险之外，保险业务产品实际上涉及跨境电商出口业务流程的方方面面，有效帮助跨境经营主体转移了因涉及出口和国际业务而增加的风险，降低了生产企业参与跨境电商业务的成本。

2）解决中小企业融资难题

跨境电商平台借助线上大数据平台的低成本信息集聚汇总优势，根据上下游企业业务记录和销售业务订单数据，将产品生产和销售环节汇聚为一个完整的供应链。利用信息流、物流、资金流聚合带来的信息成本优势，引入核心企业捆绑信用或担保，以及物流企业融资监管服务，来为供应链中的中小企业提供资金融通，并利用信息成本优势实现风险控制，以保证整个跨境电商出口供应链的高效运营，实现参与方的共赢。

3）金融市场助电商企业保就业

跨境电商出口企业由于具有线上经营的信息化优势，在疫情防控期间充分表现出就业弹性大、灵活性强和成本低的优势，成为疫情后恢复经济、促进消费、接纳就业和保障民生的重要力量。许多地方政府也在疫情后制定了支持和补贴跨境电商出口企业保障就业、促进创业的政策，例如福建省石狮市在2021年2月出台了十项措施加快推进跨境电商发展，其中便提到要加快跨境电商人才引进培养，鼓励跨境电商企业或机构开展相关工种职业技能培训并给予企业或个人补贴，并为在本市创业从事跨境电商的高校在校生或毕业五年内的高校毕业生提供创业担保贷款及贴息政策。

————· 本章小结 ·————

本章对海洋保险的保险合同进行了系统介绍，对保险合同整体内容、基本概念、行业规范等进行了具体阐述。另外，本章设置了经典案例和综合案例，以期帮助读者系统了解海洋保险市场的发展与业务实践。

【知识进阶】

1. 海洋保险保险合同的当事人与关系人通常为哪些群体？

2. 试列举投保人与保险人的权利和义务。

3. 各项争议解释原则的运用顺序是怎样的？

4. 基于"保险+"产品，分析海洋保险市场的发展趋势。

附：省级层面政策、重要事件

一、辽宁省

（一）相关政策

1. 2013年辽宁省财政会同省海洋与渔业部门制定出台《辽宁省渔船互助保险保费财政补贴资金管理办法》

该文件主要包括鼓励捕捞渔民参保、补贴部分作业渔船全损险、提高预算编制的精准性以及确保保费资金的使用安全规范四方面内容，完善了对捕捞渔民的渔船互动保险的财政补贴。一是在充分尊重参保人意愿的前提下，财政部门通过实施保费补贴等调控手段，鼓励支持捕捞渔民参加渔船互助保险，增强其抗御风险灾害和灾后恢复生产能力。二是对20马力以上的海洋捕捞或涉外远洋作业渔船投保全损险，省财政按照投保金额的20%给予补贴，补贴范围为丹东市、锦州市、营口市、盘锦市、葫芦岛市、绥中县、长海县等沿海五市两县及驻地在大连从事远洋捕捞作业的省属企业。三是为提高预算编制的精准性，有效控制年度补贴资金的结余或短缺，省财政采取了压年兑现补贴方式，将每年补贴统计期限定为上年10月1日至当年9月30日，据实列入下年度预算，省人代会后立即下拨补贴资金，由市县财政通过"一卡（折）通"及时发放给投保人。四是要求渔业互保经办机构加强风险管控，对保费实行"逐年滚存、专户管理、专款专用"，努力分散经营风险，确保保费资金使用安全、规范和有效。

2. 2014年辽宁省渔业互保协会出台《先期赔付案件处理办法》（以下简称《办法》）

《办法》规定了先期赔付的工作原则、适用条件、实施部门、给付标准、赔付程序和需提供的相关材料等方面内容。《办法》的出台，确保了省协会先期赔付工作有章可循，最大限度地体现了渔业互保服务会员、服务渔业的工作宗旨。2014年4月4日，该协会还依据本办法对金州新区一起较大事故给予90万元先期赔付，起到了良好的效果。

3. 2015年辽宁省人民政府制定出台《辽宁省人民政府关于进一步加快现代保险服务业改革发展的实施意见》

文件提出，鼓励保险机构加快发展企业财产保险、工程保险、机动车辆保险、家庭财产保险、意外伤害保险、物流保险、航运保险等各类保险产品，在产品创新、服务创新的前提下，满足社会多层次、多方面的保险需求，增强全社会抵御风险的能力。

4. 2015年大连市人民政府出台《关于大连海水养殖保险政府支持的意见》

文件提出，大力推动海水养殖保险发展。一是大力发展"三农"保险，将海带、裙带菜等海水养殖保险纳入政策扶持范围，扩大农业保险覆盖面，提高农业保险保障程度；二是开展海水养殖巨灾保险试点，建立巨灾保险基金和巨灾再保险制度，逐步形成财政支持、社会参与的多层次海水养殖巨灾风险分散机制；三是鼓励保险机构开发费率准确、定价合理、规模适度、适当比例保费补贴支持的农业和海水养殖业保险新产品。

5. 2022年辽宁省人民政府办公厅印发《辽宁省"十四五"海洋经济发展规划》

文件强调，要充分发挥保险服务对海洋产业发展的风险保障功能，在推动航运保险、海水养殖保险、海洋科技保险等传统业务的基础上开发新品种、打造新业态，构建金融服务海洋的新模式。

6. 2022年大连市人民政府印发《大连市海洋经济发展"十四五"规划》

文件强调，要完善涉海保险政策，推动滨海旅游特色保险、海洋环境责任险、涉海企业贷款保证保险、渔业互助保险等产品。

（二）典型事件

助力渔船恢复生产，渔业互保免费送保险

为支持广大渔民会员在做好疫情防控的前提下尽快复工复产，2020年2月25日和26日，中国渔业互保协会联合辽宁省渔业互保协会等8家省（市）渔业互保协会，分别向全国渔民会员和参加意外团体险的全国渔业行政执法人员赠送新冠肺炎身故保险，参保人员因确诊感染新冠肺炎，且在180天内因该疾病导致身故的，可领取20万元互保金。锦州市共计1 200余名渔民和78名渔业行政执法人员将获得这项保险捐赠，本次预计赠送超31 000万元的风险保障。同时，为准备出海作业的渔船和渔业执法船送去消毒液等防疫用品。今后，中国渔业互保协会锦州分理处将继续加强为渔民会员的服务，为保障渔民出海作业安全贡献力量。

全国第一张河蟹保险单在辽宁盘锦市诞生

2015年8月27日，盘锦光合蟹业有限公司董事长李晓东与安华农业保险股份有限公司在大洼县签下全国第一张河蟹养殖险种保险单。河蟹作为一种水生动物，在育苗养殖的漫长过程中有许多环节存在着风险，把握不好就有可能导致减产减收，甚至绝产。从事这项产业的农民盼望着能为这项事业设立一个险种，以降低从业者的风险，保证产业健康发展。盘锦光合蟹业有限公司作为我国河蟹产业的龙头，多年来一直致力于促成这个险种的设立。2015年，作为我国农业保险的旗舰企业，安华农业保险股份有限公司以其创新的思维和专业的敏感性，注意到了河蟹养殖这个有地方特色的农业产业的优势和巨大的市场潜力。经过缜密的市场调研，选定了盘锦光合蟹业有限公司进行合作，提出设立河蟹养殖保险的具体操作方案，并获得中国保险监督管理委员会的大力支持，被批准设立了我国第一个河蟹养殖险种。选定盘锦光合蟹业有限公司的408个养殖户作为投保试点，由盘锦光合蟹业有限公司出资为其11 198 kg蟹苗投保，每公斤蟹苗交保费48元，承保额为800元。这实现了蟹农不用交保费，就可以享受一定额度的风险赔偿承诺，为养蟹事业上了一道安心锁。

盘锦光合蟹业有限公司自从成立以来，就以服务蟹农为己任，发挥产业化龙头企业的作用，主动承担更多的社会责任。此次盘锦光合蟹业有限公司出资54万元为养殖户投保。

780万！辽宁渔业互助保险迎来史上单次事故最大赔案

2019年8月中旬，环球金枪渔业（大连）有限公司所属渔船"金祥6"号在E171°18′、S7°7′海域作业时，机舱右辅机破裂，轻柴油喷到主机排气管和增压机上，在高温的情况下引燃，因未能及时采取有效施救措施，船体燃烧两天两夜后沉没。

这是辽宁省渔业互助保险有史以来远洋企业会员单次损失金额最大的案件，辽宁省农业农村厅高度重视，成立调查小组对事故进行勘验调查。为加强对远洋企业的服务力度，2020年1月19日，中国渔业互保协会辽宁省办事处将780万元理赔款支付给环球金枪渔业（大连）有限公司，使该公司的经济损失降到最低。同时，辽宁省办事处为其提供船舶安全管理指导建议，以防此类事故再次发生。

（三）代表性产品与经营数据

獐子岛风力指数海水养殖保险

2013年8月7日，中国人民财产保险股份有限公司（以下简称人保财险）与大连獐子岛集团正式签署战略合作协议，协议标明：风力指数保险为獐子岛集团在大连长海、山东荣成和山东长岛的海珍品增养殖海域（约2 000平方千米）提供4亿元的风险保障，首年签单保费2 000万元。

截至2014年8月，大连獐子岛参保海水养殖场共发生8级以上暴风灾害近20次，已决赔款逾2 840余万元。人保财险大连分公司在历经一年多的持续跟踪服务中，坚持服务至上和依法合规的原则，以原始气象数据为基础，结合辅助调查手段，客观、快捷地完成每一次风灾评估评价，按时支付理赔款项，用先进的技术和一丝不苟的服务取得了客户的信赖。

风力指数型海水养殖保险产品兼具"渔业保险"和"指数保险"双重属性，一是保障内容符合实际。对以底播、浮筏形式增养殖的虾夷扇贝、鲍鱼、刺参等海珍品提供风险保障，将8至17级风力对投保标的损害程度指数化，当指数达到一定水平并对投保标的造成影响时，被保险人就可以获得相应标准的赔偿。二是理赔标准清晰易判。产品实现了由传统"普通非典型风险因子—标的损失—保险理赔"向新型"关键典型性风险因子—标的损失—保险理赔"保险模式的转变，以气象部门提供的风力气象数据作为保险理赔的主要依据，较好解决了保额确定难、定损理赔难的问题，减少了理赔纠纷。三是工作效率明显提升。产品核保透明，克服了信息不对称问题，排除了人为因素影响，有利于减少逆选择，防范道德风险。理赔手续简便，容易形成标准化的实务操作规范，能够迅速结案支付赔款。节约费率空间，出险后保险公司无须委托公估机构查勘定损。

8年间，人保财险已先后开发了海上浮筏养殖设施保险、海水养殖风力指数保险、水产制种保险、藻类风力指数、网箱鱼养殖保险、工厂化鱼养殖保险、海水鱼养殖保险以及海水鱼养殖附加的流失、网箱、转场运输等保险产品。

大连试点海水养殖保险

大连市海水养殖特色险种已涵盖海珍品养殖风力指数、海参气温指数保险等7个险种，累计提供了6.6亿元风险保障，支付赔款4 622万元。

2019年，大连市农业农村局计划开展海水养殖风力气象指数、池塘养殖海参水温指数、海水养殖巨灾保险等水产养殖业进行保险。保费由市财政补贴30%、养殖户负担70%。全年市财政局安排水产养殖保险补贴专项资金950万元。

二、山东省

（一）相关政策

1. 2004年山东省人民政府发布《山东省人民政府关于加快山东保险业发展的意见》

文件强调，积极探索开展农村互助保险等政策性农业保险业务，通过保险经济手段健全农业支持保护体系。

2. 2006年山东省人民政府印发《山东省国民经济和社会发展第十一个五年规划纲要》

文件提出，推进渔业政策性保险和渔民社会保障制度试点。

3. 2009年山东省人民政府发布《山东省人民政府关于促进我省保险业又好又快发展的意见》

文件提出，建立完善多层次的农业巨灾风险转移分担机制，逐步建立农业巨灾风险准备金和农业再保险制度。

4. 2015年山东省人民政府发布《山东省人民政府关于贯彻国发〔2014〕29号文件加快发展现代保险服务业的意见》

文件提出，将保险纳入灾害事故防范救助体系。积极发展企业财产保险、工程保险、机动车辆保险、船舶保险、家庭财产保险、意外伤害保险和物流保险等，发挥保险经济补偿功能，增强全社会抵御风险的能力。围绕支持"海上粮仓"建设，鼓励保险机构开展各类渔业商业保险，支持发展渔业互助保险，为海洋经济发展提供风险保障。加快发展适合文化企业特点和文化产业需要的特色保险业务。

5. 2015年山东省人民政府办公厅发布《山东省人民政府办公厅关于推进"海上粮仓"建设的实施意见》

文件强调，积极探索将渔业养殖保险纳入政策性保险范围，支持发展渔业互助保险，鼓励发展渔业商业保险，积极开展海参、海带等大宗优势品种养殖保险。

6. 2017年山东省人民政府印发《山东省"十三五"海洋经济发展规划》

文件强调，进一步加强和完善保险服务，引导保险企业开发涉海保险产品，探索建立海洋高技术产业贷款风险补偿机制；大力发展科技保险，促进海洋科技成果转化。

7. 2018年山东省人民政府印发《山东海洋强省建设行动方案》

文件提出，积极支持符合条件的涉海企业在境内外资本市场上市挂牌。加快发展航运险、滨海旅游险、海洋环境责任险。

8. 2019年山东省海洋局发布《青岛市新旧动能转换"海洋攻势"作战方案（2019—2022年）》

文件提出，鼓励金融机构设立海洋经济金融服务事业部，引进航运专业保险机构，引导蓝海股权交易中心设立海洋经济特色板块，探索以金融支持海洋经济发展为主题的金融改革创新。

9.2020年山东省海洋局发布《关于促进海洋渔业高质量发展的意见》

文件提出，强化保障措施。加大财政支持力度，完善金融保险等扶持政策，推动科技创新和技术推广。

10.2020年东营市人民政府发布《关于加快黄河口大闸蟹产业发展的实施意见》

文件提出，鼓励保险机构开展大闸蟹养殖保险，降低企业经营风险。经过积极向上争取，大闸蟹养殖气象指数保险试点工作，由中国人寿财产保险股份有限公司东营市中心支公司在东营市垦利区试点实施，这是东营市设立的首个地方特色水产品保险品种。

11.2021年山东省人民政府办公厅印发《山东省"十四五"海洋经济发展规划》

文件提出，支持银行设立港口物流、海洋科技、航运金融等专营分支机构，保险机构创新航运、渔业、海洋科技等领域险种研发和推广。

（二）典型事件

天气指数保险助力"海上粮仓"建设

2015年4月23日，山东省烟台市的扇贝养殖专业户林先生与太平财产保险有限公司山东分公司签单扇贝养殖风灾指数保险。无独有偶，4月27日，威海市的海参养殖专业户闫先生又与该公司签单海参养殖气温指数保险。这两笔海产品指数保险的成功落单在国内均属首例，标志着山东保险业在天气指数保险领域实现了前所未有的新突破。

太平财产保险有限公司山东分公司在具体操作中注重区别产品门类，因地制宜。如海带、扇贝养殖户惧怕风灾事件导致经济损失，海参养殖户担心高温天气导致海参减产，公司在制订相关养殖业风灾（气温）指数保险方案时，与不同地市的不同养殖户分别商定适合当地实际情况的风力（温度）触发值，一旦达到约定的赔偿标准，保险公司就承担相应的赔偿责任。比如，在烟台市辖属莱州市开展的扇贝天气指数保险，养殖户按照1 000元/亩投保，保险期限内一旦发生最大风速达到7级或以上的飓风，参保户最高可按照2万元/亩获得赔偿。这种简单明了、方便易行的天气指数保险，能够让众多养殖户听得懂、记得牢、愿意用。

山东省水产养殖互助保险试点在垦利县启动

2009年，山东省水产养殖渔业政策性互助保险试点在垦利县（2016年被撤销，设立垦利区）启动，标志着全省水产养殖互保业务的正式开始，开启了以互助保险规避渔业风险的序幕。东营市英华渔业有限公司等11家垦利县渔业企业参加本次互保，共参保海参池塘800亩，海参育苗车间3 000平方米，保费共计20万元。其中市政府给予20%的保费补贴，省渔业互保协会拿出10%的保费补贴。保险责任为风暴潮、巨浪、赤潮等对投保海参造成的损失，最高保额共计将达到1 200万元。

近年来，垦利区渔业实现了快速发展，全区水产养殖面积45万亩，实现水产品产量11.5万吨，产值10.7亿元，水产养殖已成为全区经济增长、农民增收的重要产业。但水产养殖也是一个受自然条件影响较大的产业，每年风暴潮等自然灾害为水产养殖带来巨大风险，互助保险的实施为水产养殖业持续健康发展保驾护航，解决了养殖户的后顾之忧。下一步互助保险将在垦利区海参、对虾、大闸蟹等领域，工厂化、池塘、底播等养殖方式的产业中全面铺开。

山东签署首份风力指数型保险

2014年，中国人民财产保险股份有限公司威海市分公司与荣成成山鸿源水产有限公司和荣成海之宝水产养殖有限公司签署了山东省海水养殖业风力指数保险第一单，为两家公司的海带、裙带菜、龙须菜等养殖项目提供总额为2亿元的保险保障，实现了威海市乃至全省海水养殖保险的技术突破。

山东海洋与渔业厅与三大保险公司签约，为13万艘渔船投保

为了有效化解渔民风险、最大限度保障渔民利益，以渔船船东、渔民需求为落脚点，分散和化解渔业风险、减轻政府减灾抗灾压力的客观要求。2013年9月13日，山东省海洋与渔业厅与中国平安保险股份有限公司、中国人民财产保险股份有限公司山东省分公司、中国大地财产保险股份有限公司山东分公司签订《战略合作协议》和《渔业互保合作协议》，为全省13万余艘渔船提供有力的保险保障。

当时，全省渔民人均保险额度在22万元左右，将争取在一到两年内通过和三大保险公司的合作，让这一保险额度提高到50万元左右，更有力地保障渔民的切身利益。

通过山东省渔业互保协会的积极引导推动，当时渔业互保协会承保的渔民，一年有12万人左右；其中，捕捞渔民占80%，渔船承包有7 000多艘，60马力以上的渔船参保比例也占到了80%左右。

（三）代表性产品与经营数据

政策性海洋碳汇指数保险、政策性海产品综合指数保险

2022年，政策性海洋碳汇指数保险、政策性综合指数保险2个全国首单海洋保险产品在烟台黄渤海新区发布并签约。政策性海洋碳汇指数保险是太平财产保险有限公司在烟台黄渤海新区政府主管部门的指导下，结合海洋碳汇消融风险，以海水年均颗粒有机碳含量为衡量标准，落地的全国首单政策性贝类海洋碳汇指数

保险产品。

政策性海产品综合指数保险是首次将高温指数和有效波高指数同时作为保险责任进行设计的创新型保险产品，其保险责任全面，能有效覆盖海参、蛤蜊、斑石鲷等主要海产品。

海水养殖风力指数保险

为解决因大风造成的损失查勘难、定损难问题，破解保险公司对海水养殖保险望而却步、养殖户投保无门难题，中国人民财产保险股份有限公司威海分公司2021年在山东省率先推出风力指数型保险，与荣成成山集团旗下荣成成山鸿源水产有限公司和荣成海之宝水产养殖有限公司分别签署1.2亿元和0.8亿元的海水养殖风力指数保险合同，为两家公司的海带、裙带菜、龙须菜等养殖项目提供风险保障。

海带养殖风灾指数保险

2015年，太平财产保险有限公司山东分公司已成功在威海市开办了海带养殖风灾指数保险，在烟台市开办了扇贝养殖风灾指数保险，在威海市、烟台市、东营市开办了海参养殖气温指数保险，合计承保养殖面积1 145亩，提供风险保障820万元。威海市属荣成市的龙须菜天气指数保险也已完成产品方案设计并进入销售阶段。

黄河口大闸蟹养殖气象指数保险

黄河口大闸蟹养殖气象指数保险试点范围主要是垦利区，被保险对象为垦利区大闸蟹养殖户（含大闸蟹养殖个体户、龙头企业、专业合作社和家庭农场等新型农业经营主体），计划试点投保面积1万亩，每亩保额1 000元，保费70元/亩，总保费70万元。按照"个人交费+财政补贴"方式，大闸蟹养殖户承担20%，缴费14元/亩；市财政承担16%，缴费11.2元/亩；垦利区财政承担64%，缴费44.8元/亩。保险期限为2021年5月1日至10月31日，覆盖黄河口大闸蟹生产、经营、管理和销售全时间段，通过试点工作的开展，进一步降低养殖户养殖风险，推动黄河口大闸蟹产业持续健康发展。

打造烟台海洋强市建设"蓝色金融引擎"

为解决海水养殖抗风险能力弱问题，全市保险公司创新开拓保险产品，为海洋经济发展保驾护航。2019年，太平财产保险有限公司烟台分公司研发"保险+信贷"金融创新项目，成功入围农业农村部金融支农创新试点服务采购清单，以有效浪高为保险责任，国内首次尝试将遥感气象指标用于海洋保险产品方案，为长岛"弘祥海洋牧场长鲸1号"及"佳益178"2个国家级海洋牧场提供海水养殖浪高指数保险风险保障2 500万元，同时联合恒丰银行等机构为企业提供600万元融资支持，成为"深海网箱养殖保险+信贷"创新农险项目全国首单。

太平财产保险有限公司烟台分公司助力烟台市海洋保险发展

2019年，太平财产保险有限公司烟台分公司完成深海网箱养殖"保险+信贷"全国首单签发仪式。为长岛"佳益海洋牧场"和"弘祥海洋牧场"深海智能网箱平台装备提供保险保障2 500万元；2020年支付"佳益海洋牧场"和"弘祥海洋牧场"赔款670万元；2021年落地网箱鱼养殖波高指数保险及长岛栉孔贝风力指数保险，成功入围山东省地方特色农产品"以奖代补"名单及山东省政策性农业保险首创险种名单；2022年6月成立行业首个海洋保险创新研发机构——太平财险海洋保险创新研发中心。

三、江苏省

（一）相关政策

1. 2004年江苏省人民政府办公厅发布《省政府办公厅关于加快全省保险业发展的通知》

文件提出，要积极开拓农村保险市场，做好政策性农业保险试点工作。

2. 2006年江苏省人民政府发布《省政府关于推进保险业改革发展的意见》

文件提出，多形式、多渠道发展农业保险。重点发展种植业保险，稳步发展养殖业保险、特色农业保险和其他涉农保险业务。鼓励农业生产基地和规模经营农户参加保险。

3. 2009年江苏省政府金融办、省财政厅制定发布《江苏省渔业保险试点工作方案》（以下简称《方案》）

《方案》提出，启动政策性渔业互助保险试点工作，2009年渔船渔民保险承保面将努力达到30%以上。《方案》明确：参保对象为从事海洋渔业生产经营的渔船、渔民以及从事内陆渔业生产经营的渔船；试点险种为渔船互助保险和雇主责任互助保险；经办机构为江苏省渔业互助保险协会及其代理机构，主要采取互助保险形式；省财政对投保渔民保费补贴比例暂定为25%；经办机构以分保（再保险）的方式分散风险，以不高于总保费40%的份额向中国渔业互保协会分保，以总保费的5%～10%向省内商业保险公司进行巨灾超赔再保险。

4. 2010年江苏省人民政府办公厅发布《省政府办公厅关于做好2010年农业保险试点工作的通知》

文件提出，积极推进渔业保险试点。继续完善渔民、渔船互助保险运行机制，不断扩大渔业保险承保面。

5.2012年江苏省人民政府办公厅发布《省政府办公厅关于做好2012年全省农业保险工作的通知》

文件提出，继续推进渔业保险。继续完善渔船、渔民互助保险运行机制，加大险种创新力度，稳步扩大渔业保险承保面，逐步提高渔业保险保障水平。加强保费资金核算和管理，降低管理费提取比例，提高风险基金积累。认真组织船东小额贷款业务试点工作，强化风险管控，确保资金安全。

6.2014年江苏省人民政府发布《省政府关于加快发展现代保险服务业的实施意见》

文件提出，进一步扩大农业保险覆盖面。巩固发展主要种植业保险，大力发展高效设施农业保险。鼓励开展有地方特色的互助合作保险，积极发展农机保险。支持保险机构开发产量保险、价格指数保险、天气指数保险等新型农业保险产品，丰富农业保险风险管理工具，提高农业保险保障水平，引导农民和各类新型农业经营主体自愿参保。

7.2014年江苏省人民政府办公厅发布《省政府办公厅关于做好2014年全省农业保险工作的通知》

文件强调，扎实做好渔业互助保险工作。加大险种创新力度，积极开展水产养殖保险，稳步扩大渔业保险承保面，努力提高渔业保险保障水平。认真组织船东小额贷款业务试点工作，强化风险管控，确保资金安全。完善渔业互助保险保费财政补贴制度，鼓励渔业互助保险与商业保险合作，逐步建立覆盖渔业全行业的风险保障体系。

8.2015年江苏省人民政府办公厅发布《省政府办公厅关于做好2015年全省农业保险工作的通知》

文件提出，鼓励省渔业互助保险协会发挥自身优势，因地制宜，开展特色农业保险试点，定期向行业主管和业务监管部门报告试点工作开展情况。

9.2017年江苏省人民政府办公厅发布《省政府办公厅关于落实发展新理念推动农业保险迈上新台阶的指导意见》

文件强调，"'十三五'时期，全省农业保险发展的主要任务是巩固基本面、覆盖全领域、稳步提标准。"文件指出："以协调发展补上农业保险发展短板。要大力推广渔业保险和农机综合保险。积极推进财政保费补贴型水产养殖保险，鼓励开展商业性水产养殖保险。加快渔业互助保险条款实施进度，大力发展渔业渔工保险，不断提高渔业风险保障水平。认真总结试点经验，稳妥推进螃蟹、鱼、虾、紫菜等水产养殖互助保险。探索保险资金参与渔船更新改造、渔政渔港等渔业基础设施建设。鼓励商业保险机构加强与省渔业互助保险协会合作，探索开展'互助保险+商业保险'合作共保，优化互助保险再保险服务。支持非营利性渔业互助保险社团法人发挥自身优势，开展特色农业保险试点。"

10. 2019年江苏省自然资源厅发布《江苏省海洋经济促进条例》

文件提出，支持保险机构设立航运保险事业专业机构或者在沿海地区设立航运保险专营网点，提高海洋领域保险覆盖范围和保障能力。

11. 2020年江苏省财政厅联合相关部门发布《关于加快农业保险高质量发展的实施意见》

文件强调，拓宽农业保险服务领域。积极构建涵盖财政补贴基本险、商业险和附加险等的农业保险产品体系，满足差异化、多层次的风险保障需求。逐步推广价格指数保险、天气指数保险、区域产量保险，创新开展农村环境污染责任险、农产品质量保证险、农民短期意外伤害险、渔业保险、森林保险等涉农保险。

（二）典型事件

江苏启动条斑紫菜养殖互助保险试点

2016年，江苏省渔业互助保险协会将在南通市如东、海安两县开展条斑紫菜养殖互助保险试点，承担的保险责任为投保养殖户因条斑紫菜"烂菜"造成的损失，财政补贴来源为柴油价格补贴政策调整省统筹资金，补贴总额200万元，补贴标准为保费的80%，计划试点面积2.5万亩。

（三）代表性产品与经营数据

水产养殖互助保险试点

2013年—2019年，江苏省渔业互助保险协会先后在常熟、兴化、海安、高邮等地开展了池塘河蟹、小龙虾、罗氏沼虾、条斑紫菜等多个险种的水产养殖互助保险试点，累计承保池塘河蟹3.55万亩、小龙虾8.88万亩、条斑紫菜7.59万亩、罗氏沼虾0.29万亩，为全省水产养殖提供风险保障近2亿元。省渔业主管部门拨出专项资金对参保养殖企业（户）给予80%的保费补贴，渔业互保协会对受灾养殖企业（户）及时支付赔偿金1 082.23万元，探索出了一条适合江苏省的水产养殖互助保险之路。

水产养殖互助保险试点推动了水产养殖政策性保险制度的出台。内塘河蟹、池塘淡水鱼、条斑紫菜、小龙虾、罗氏沼虾等六个险种先后被纳入省农业保险实施名录，内塘河蟹、池塘淡水鱼被纳入省政策性农业保险保费补贴范围。南通市、淮安市、扬州市农险办还分别将紫菜、小龙虾、罗氏沼虾纳入当地市级财政保费补贴范围。省农险办将小龙虾、罗氏沼虾、紫菜互助保险试点纳入省高效设施农业保险考核范围。

省渔业互保协会连续五年为参保渔船提供气胀式救生筏购置及维修补贴，每年惠及渔船4 500多艘。据不完全统计，2013—2019年，气胀式救生筏成功救起遇难渔民100多人，累计处理各种理赔案5 219起，为440名死亡（失踪）渔民、4 245名伤残渔民、55艘沉没（焚毁）渔船以及538艘受损渔船支付经济补偿金2.41亿元，有效化解了政府的维稳压力，起到了社会"稳压器"的作用。

南通海岸带面积1.3万平方千米，种植业、养殖业发达。为保障农户利益，南通市保险机构先后开办淡水鱼、蚕等新型养殖业农业保险，2019年共为50万户养殖户提供近44亿元的保障。2019年，中国人民财产保险股份有限公司南通市分公司推出全国首单滩涂养殖脊尾白虾与梭子蟹气象指数保险，为47户养殖户提供1 400万元的养殖风险保障，为南通海洋经济的发展保驾护航。

四、浙江省

（一）相关政策

1. 2006年浙江省人民政府发布《浙江省人民政府关于加强海洋与渔业工作的若干意见》

文件提出，切实开展渔业保险工作。各级政府要重视和支持渔业保险工作，支持商业保险机构开展渔业保险业务。渔业互保机构要不断增加互保险种，努力扩大互保面，建立抗风险机制，提高为渔（农）民服务能力和水平。"十一五"期间，省财政每年安排专项资金用于渔业政策性保险的保费补贴，各地也要给予相应扶持。

2. 2007年浙江省财政厅发布《浙江省政策性渔业保险补贴专项资金管理暂行办法》

文件提出，为鼓励和支持我省政策性渔业保险工作开展，促进渔民增收和渔区稳定，省财政设立政策性渔业保险补贴专项资金。暂行办法规定了补贴资金的补贴对象、补贴资金的补贴险种——雇主责任互保、渔船全损责任互保，以及补贴标准——省财政对雇主责任互保、渔船全损责任互保均按会员应缴保费金额的20%给予补贴。

3. 2012年浙江省发展和改革委员会与浙江省海洋与渔业局联合印发《浙江省渔业发展"十二五"规划》

文件提出，实施渔业风险保障体系建设。进一步健全政策性渔业互助保险制度，完善财政资金补贴办法，加强对渔业互助保险的监管，逐步扩大渔业互助保险。

4.2017年浙江省海洋与渔业局发布《2017年水产养殖互助保险试点实施方案》

文件指出，2017年纳入试点的保险品种共9大类，各类水产养殖互助保险覆盖杭州、舟山、台州、温州、绍兴、湖州、嘉兴、金华、衢州、丽水等10市44个县（市、区），预计保险面积4.69万亩，风险保额可达5.9亿元，保险费规模达到3 200万元。

5.2017年浙江省人民政府发布《浙江省人民政府关于加快建设海洋强省国际强港的若干意见》

文件提出，支持海洋渔业保险、物流保险等涉海保险产品创新。

6.2018年浙江省海洋与渔业局发布《2018年度水产养殖互助保险试点工作方案》

文件提出，在进一步巩固提高海水地区互助保险覆盖面和保障水平的基础上，推动水产养殖互助保险向淡水地区拓展。以养殖大户、企业和专业合作社为抓手，试点先行、逐步推行，到2020年，试点地区承保覆盖面达到50%。

优化保险产品规划布局。将主要水产品及养殖模式纳入保险范围，加大淡水地区覆盖面，推动政策性水产养殖互助拓展保险广度和深度，空间布局兼顾"南、北、海、陆"；提高保障程度和水平。满足养殖渔民合理的基本保障需求，适当提高互保金额，尽可能接近实际赔偿需要。建立财政支持的大灾风险分散机制，完善健全保费补贴、业务运行管理制度，规范政策性水产养殖互助保险服务；提高综合服务能力。发挥渔业互保协会组织健全、机构完善的优势，依托各级水产技术推广机构的技术和力量，基本形成覆盖全省的承保、理赔和信息等组织服务体系，将服务网络延伸到试点地区的每个渔业行政村。

7.2018年浙江省人民政府办公厅发布《浙江省人民政府办公厅关于加强政策性渔业互助保险工作的意见》（以下简称《意见》）

《意见》包括三部分内容。第一部分是总体要求，第二部分是完善运行机制，第三部分是保障措施。关于完善运行机制，主要包括四个方面内容：一是扩大渔业互助保险险种，要求扩大渔业补助保险覆盖面，逐步增设相应附加责任，探索开展水产养殖、渔业基础设施和渔民人身意外伤害等互助保险业务等；二是完善渔业互助保险责任和费率厘定，要求进一步优化渔业风险类别划分，科学确定风险系数，合理厘定互助保险费率，并对政策性渔业互助保险条款、费率的拟订修改程序做了明确规定；三是健全渔业互助保险理赔定损制度，对理赔服务网点、队伍、应急预案、程序等方面提出了明确要求；四是建立大灾风险机制，主要对风险准备金计提、管理、使用等作出规定，确保大灾后能够有效赔付损失。

8. 2018年湖州市人民政府发布《关于支持渔业绿色发展十条政策意见》

文件提出，支持渔业新业态发展。对列入休闲渔业项目计划、举办综合性渔业渔事活动的实施主体，按投资额的25%给予补助，最高不超过100万元。鼓励水产养殖保险，对参加水产养殖业保险的主体，给予投保自负保费40%补助。

9. 2019年浙江省农业农村厅发布《浙江省农业农村厅等10部门关于加快推进水产养殖绿色发展的实施意见（2019—2022年）》

文件提出，探索金融服务养殖业绿色发展的有效方式，扩大水产养殖政策性保险覆盖范围。

10. 2021年浙江省农业农村厅发布《浙江省农业农村厅 中国银保监会浙江监管局关于实施渔业船员实名制保险完善渔业安全生产责任挂钩机制的若干意见》

文件提出，充分认识保险在渔业安全生产中的作用，健全渔业安全生产责任保险工作机制，促进渔业安全生产治理体系和治理能力现代化；健全完善"保险+安全"挂钩机制，结合我省渔业保险实际，分步推进渔业船员保险实名制，要以保险实名制为基础，建立保险与渔业安全生产挂钩机制，切实强化渔业保险的经济杠杆作用，引导保险机构健全完善业务政策和服务体系，协助配合船东落实安全生产主体责任。鼓励根据保险标的作业方式、船龄和危险程度、保险赔付等情况，实行差别化费率浮动机制；完善渔业保险条款，进一步优化责任免除条款设计；大力推进"保险+服务"模式，鼓励渔业保险经营机构开展事故预防服务；切实加大"保险+监管"力度，各级银保监部门要加强对保险机构产品设计和服务创新的指导，引导保险机构形成"保险+安全""保险+服务"的渔业保险模式；要依法加强渔业保险市场监管，维护渔业保险市场健康有序发展。

（二）典型事件

浙江省20个地区开出水产养殖互助保险首单

2017年，水产养殖互助保险工作秉承"保大灾、保成本、保恢复生产能力"指导思想，按照"以点带面、重点推进、因地制宜、逐步推广"的基本思路，在各地渔业行政主管部门、水产技术推广机构和水产养殖行业协会的支持下，取得了长足的进步。

截至2017年7月31日，平阳、洞头、苍南、嵊泗、临海、德清、萧山、绍兴、长兴等28个地区相继启动了承保工作，承担风险金额3.10亿元，互保费规模1 869.97万元，会员享受各级财政补贴共计1 148.49万元，无理赔优惠36.00万元，会员自担保费685.48万元。

2017年，20个地区开出水产养殖互助保险首单，分别是嵊泗，普陀，岱山，椒江，玉环，临海，三门，平阳，瑞安，苍南，洞头，上虞，绍兴，杭州地区萧山，湖州地区安吉、德清、长兴，金华地区兰溪、武义及衢州地区龙游。

全国首款紫菜养殖风力指数保险赔出第一单

2017年10月15日，受2017年第20号台风"卡努"影响，浙江省象山县出现强风雨天气，当地养殖紫菜不同程度受灾。本周，象山当地12户紫菜养殖户就收到了"紫菜养殖风力指数保险"赔款合计15万元。这是全国首款紫菜养殖风力指数保险赔出的第一单。

浙江省渔业互保典型理赔案例

（1）2015年4月10日上午，舟山一远洋船"明翔803"船的球鼻艏与宁波鱿钓船"润达688"船的右侧机舱发生碰撞事故，渔业互保系统为此次事故中沉没的"润达688"船和受损的"明翔803"船共计支付保险赔款1 212.18万元。

（2）2016年5月3日8时10分左右，"浙岱渔11307"船在169/2海区作业时突然失联，船上有16名船员。船只失联后，当地政府组织2艘中国渔政船和6艘渔船在出险海域进行搜寻，经多日搜寻无果。2016年5月15日，岱山县高亭镇政府出具报告，认定从出事海域搜救情况分析，该船已沉没；船员因失踪时间较长无生还可能。5月18日，船长胡光财尸体漂浮在163海区时被途经渔船发现。

渔业互保系统为此次事故支付保险赔款1 130万元。该案涉及险种为渔船互保、雇主责任互保，风险类别为船舶失踪沉没、船员落水失踪。

（三）代表性产品与经营数据

气象指数型水产养殖互助保险

浙江省渔业互保协会从2016年开始积极试点气象指数型水产养殖互助保险，开发了海水鱼类养殖气象指数互助保险、淡水虾类养殖暴雨指数互助保险、海水池塘蟹虾贝养殖互助保险和浅海藻类养殖互助保险等，覆盖了鱼虾蟹贝藻等主要经济养殖品种以及浅海、围塘和近海网箱等主要养殖方式，责任涵盖台风、强冷空气、强降雨等导致减产的主要气象灾害。浙江省渔业互保协会创新性地开发了海水鱼类和藻类的风浪潮汛复合型气象指数互助保险，2022年6月30日，浙江全省首单浅海贝类（生蚝）养殖气象指数保险保单在浙江省渔业互保协会温岭办事处签订。2022年7月8日，为乐清市港龙渔业有限公司开具了全省首单墨瑞鳕工厂化水产养殖保险保单。

经营数据：

自2013年浙江省开展水产养殖互助保险试点以来，至2019年底，已累计承保2 976单，开设险种9大类，提供风险保障约17.2亿元，累计为养殖户弥补损失1.57亿元。

2019年浙江省渔业互保协会全年共承担主险风险保额1 639.21亿元，同比增长14.33%，为浙江省渔业经济发展提供强有力的风险保障。2019年度渔船足额投保率以及船均互助保险比例也达到58.7%和89.7%，同比2018年增长9.5%和2.5%。

2020年浙江省气象指数型保险风险保额达到3.14亿元，占水产养殖险总风险保额的58%，2019年和2020年浙江沿海先后遭遇了超强台风"利奇马"和台风"黑格比"，台风影响到的地区均触发了赔偿条件，协会累计向养殖户赔付了近5 000万元，为养殖户恢复再生产提供了强有力的保障。通过气象指数型水产养殖互助保险快速便捷、客观公正的理赔，大大提高了养民对气象指数型水产养殖互助保险的认知水平，养民投保的积极性和保险意识得到较大提升。例如2020年三门县海水池塘养殖的互保费规模较上年增长500%以上，从这个侧面可以看出，气象指数型水产养殖互助保险是解决当前阶段水产养殖保险查勘定损难、道德风险高等问题的有效办法。

五、福建省

（一）相关政策

1. 2008年福建省海洋与渔业局发布《福建省海洋与渔业局关于加快做好我省渔业保险工作的通知》

文件强调，充分认识做好渔业保险工作的重要意义，切实加强对渔业保险工作的组织领导。要将政策性渔业保险和渔业互助保险工作列入现代渔业建设和安全生产管理工作的重要内容。

2. 2011年福州市海洋与渔业局发布《福州市海洋与渔业局关于做好2011年渔业保险工作的通知》

文件提出，进一步加强对渔业保险工作的组织领导。要积极采取各种有效措施，认真组织、周密部署、广泛动员，积极推动渔业保险工作，努力实现渔业保险事业的跨越发展。要立足当前，谋划长远，将渔业保险工作列入现代渔业建设和安全生产管理的重要内容，摆上议事日程，把市委市政府为民办实事项目抓实抓好。

3. 2013年福建省人民政府发布《福建省人民政府关于促进海洋渔业持续健康发展十二条措施的通知》

文件提出，逐步加大渔业互助保险政策扶持力度，全省所有渔船渔工和沿海44.1千瓦（60马力）以上渔船做到应保尽保；全省远洋渔船船员和渔船保险全部纳入渔业互保，承保远洋渔船全损险和一切险；在沿海养殖技术规范、管理到位的标准化池塘和网箱养殖公司、渔业专业合作社开展水产养殖保险试点。

4. 2014年福建省人民政府出台《关于加快远洋渔业发展六条措施的通知》

第五条"强化财政金融支持"明确指出，我省远洋渔业船员和渔船保险全部纳入渔业互保补助，实行和沿海渔船、渔工同等的财政保费补贴政策（省、市县财政分别给予30%、10%的保费补助）。

5. 2016年福建省人民政府发布《福建省"十三五"海洋经济发展专项规划》

文件提出，完善政策性渔业保险，进一步扩大渔业互助保险范围，开展水产养殖互助保险试点，探索建立大宗水产品出口保险制度。

6. 2017年福建省海洋与渔业局发布《福建省海洋与渔业厅关于进一步加强渔业互助保险工作的通知》

文件提出，要进一步提高渔业互保重要性认识；进一步拓展渔业互保业务领域，各级渔业行政主管部门及执法机构要大力支持本地渔业互助保险机构拓展各项业务，要结合伏季休渔、许可证管理、渔船检验、燃油补贴发放、安全生产监督检查等渔业管理工作，不断创新工作方法，最大限度将应保对象纳入渔业互助保险范畴；要认真做好申请保费补贴资金的沟通、协调和管理工作，确保保费补贴资金准时到位。省渔业互保协会要根据实际情况，适当降低互保费率、完善无理赔优惠措施、规范反哺机制，以切实减轻渔民群众的缴费压力；要进一步提升渔业互助保险的风险保障能力，提高雇主责任险保额、渔船"一切险"覆盖面，探索水产养殖台风指数互助保险、渔港设施保险和渔船网具险等渔业互保新险种，进一步拓展渔业互保服务范围；进一步提升渔业互保服务水平；进一步加强渔业互保工作领导。

7. 2018年福建省农业厅、福建省发展和改革委员会、福建省财政厅联合发布《福建省农业厅 福建省发展和改革委员会 福建省财政厅关于加快发展农业生产性服务业的实施意见》

文件提出，鼓励各地推广农房、农机具、设施农业、渔业、制种保险等业务，有条件的地方可以给予保费补贴。

8. 2019年福建省渔业互保协会推出《2019年远洋渔船互助保险优惠政策》

该政策出台了一系列优惠措施，包括：参保渔船优惠力度不断加大；大船大公司参保优惠幅度大；持续推进无理赔优惠制度；远洋渔工最高可保到120万。

9. 2020年福建省财政厅等6部门印发《关于加快福建省农业保险高质量发展的实施方案的通知》

文件提出，鼓励发展渔民互助保险等多种形式的渔业保险，提高渔船及船上渔工渔业保险覆盖率，积极拓宽水产养殖设施保险覆盖面。

10. 2022年福建省海洋与渔业局发布《福建省海洋与渔业局关于推动海洋与渔业高质量发展实现2022年一季度"开门红"十一条措施的通知》

文件提出，强化渔业互助保险，扩大台风指数、赤潮指数保险覆盖面，继续推行大黄鱼价格指数保险，探索开发鲍鱼、石斑鱼等大宗水产品价格指数保险新险种，实施海上渔排财产保险无理赔优惠政策。

11. 2022年福建省海洋与渔业局制订《福建省渔业互助保险方案》

文件提出，要切实落实渔业互助保险工作责任制，结合伏季休渔、渔业许可管理、渔船检验、安全生产监督检查等渔业管理工作，不断创新工作方法，将任务分解到乡镇、到村、到人。要将渔业保费补贴资金列入本级财政预算，有条件的县（市、区）可在省级补贴标准基础上提高保费补贴比例、可将船长12米以下渔船纳入互助保险范畴，县级财政给予适当的保费补贴。渔业互保机构要制定无赔款优待措施，对保险期限内无赔款的投保渔民，在下一保险期限内给予一定保险费减免优惠，对处于试点阶段的险种，试点方案可根据年度业务开展情况适当调整。各地渔业行政主管部门、渔业互保机构要结合本地实际和渔业互助保险工作的特点，深入开展宣传活动，动员渔船船东、渔民和养殖户积极参加渔业互助保险；要多渠道、多层次、多角度广泛宣传渔业互助保险对化解生产风险的作用，进一步增强渔区广大干部群众的风险防范意识和保险意识，提高渔民参保的积极性，提高渔业保险覆盖面。

各级渔业行政主管部门要结合渔业风险防范，做好渔业安全生产知识普及和宣传工作，加强渔业灾害预报预警，引导渔民配备安全设施，增强渔民自救互救的意识和能力。同时，要做好灾后救助工作，支持渔业互保机构迅速做好定损勘验工作，及时公正确认事故责任；要建立跨区域联合处理渔业海损事故勘验机制，进一步方便渔民索赔，及时帮助渔民灾后恢复生产生活；渔业互保机构要建立渔业互助保险理赔"绿色通道"，及时、准确、合理地做好理赔服务。

（二）典型事件

福建大黄鱼价格指数保险首次理赔逾3 407万

2020年3月13日，福建省大黄鱼价格指数保险首次理赔大会在宁德举行，共有31户养殖户获得了保险赔偿，共计34 070 713.07元。

2020年受到新冠疫情影响，福建省大黄鱼价格出现波动。为帮助养殖户抵御风险，让他们吃下"放心丸"，福建省渔业互保协会贯彻落实福建省政府、省海洋与渔业局为应对新冠疫情、促进大黄鱼产业发展的扶持政策，根据"增品、扩面、提标"的目标，开发出全国首款海水养殖物价格指数保险——大黄鱼价格指数保险，力求实现"保障价格稳定"和"帮助养殖户减损"两大目标。

截至2020年12月31日，福建大黄鱼价格指数保险试点承保面积达13.88万平方米，已为大黄鱼养殖户提供风险保障金额1.87亿元。

台风"玛莉亚"登陆，投保水产养殖台风指数保险的养殖户收到赔款

2018年7月，8号台风"玛莉亚"登陆触发理赔标准，福建省渔业互保协会为109户受灾养殖户支付赔款3 693.93万元，并在受灾严重的宁德市霞浦县召开"玛莉亚"台风理赔兑现大会，当场兑现理赔款3 160万元。2017年—2020年，水产养殖台风指数保险共收取保费1.01亿元，为养殖户提供风险保障金额达16.92亿元。试点运行期间，水产养殖台风指数保险的财政补贴从无到有，2020年水产养殖台风指数保险省级财政补贴为总保费的20%，市、县两级财政补贴为总保费的10%。

全国首单海水养殖赤潮指数保险落地福建莆田

在福建省海洋与渔业局牵头下，中国人寿财产保险股份有限公司福建分公司与福建省渔业互保协会就福建省地方财政补贴型赤潮指数保险项目开展产品研发合作，创新开发了水产养殖赤潮指数保险试点产品，并于2020年4月开始在莆田市南日镇和福建省平潭综合实验区海域开展试点。中国人寿财产保险股份有限公司福建分公司与福建省渔业互保协会在莆田举办了海水养殖赤潮指数保险保单首签仪式，启动水产养殖赤潮指数保险试点工作。莆田市海发水产开发有限公司现场投保了600份海水养殖赤潮指数保险。

水产养殖赤潮指数保险创新以指数的形式将赤潮造成的损失指数化，以福建省海洋与渔业局发布的赤潮监测信息为理赔依据，具有较强的权威性和可操作性。该产品是财险领域解决赤潮世界难题的一次积极、大胆的探索，在全国尚属首创。

全国首创鲍鱼价格指数保险落地连江

2022年7月11日，全国首款鲍鱼价格指数保险落地连江，为福州日兴水产食品

有限公司开出首单。开单首日，签单保费就达10万元，为养殖户提供风险保障250万元。

连江县水产品总产量位居全国县级第二，全省、全市县级第一。作为"中国鲍鱼之乡"，2021年连江县鲍鱼养殖面积1 453公顷，产量达到5.35万吨，约占全国产量的30%。近年因新冠疫情的影响，鲍鱼产业受到了一定程度的冲击，省渔业互保协会经过多次全面、深入的调研，在全国首创推出了鲍鱼价格指数保险，并在连江县开展试点工作。

连江鲍鱼起水价格是鲍鱼价格指数保险触发理赔的关键因素，为实现理赔的透明化，将其由权威的第三方"福州市连江县人民政府网"负责收集、公布。当投保鲍鱼的起水价格低于目标价格，视为保险事故发生，省渔业互保协会按约定负责赔偿，并直接赔偿到户，减少了传统理赔报案、资料收集、查勘定损等环节，让养殖户足不出户就能体验到便捷的金融保险服务。

太平财产保险有限公司"海洋牧场"保险在闽取得新突破

2022年9月20日，海上福州"百台万吨"乾动深远海智慧渔场暨"乾动1号"平台启动运营仪式成功举办。仪式上，太平财产保险有限公司与福建乾动海上粮仓科技有限公司签订战略合作协议，双方将进一步加强在海水网箱养殖保险领域的交流合作，合力推动海洋牧场平台健康发展，携手共奏"蓝色乐章"，为"海上福建"和深海养殖业的高质量发展增添新动力。

"乾动1号"作为首台（套）海上福州"百台万吨"项目的深远海养殖平台，养殖水体2万立方米，可年产高品质野生大黄鱼类达200吨，该平台搭载高科技自动化设备，具有抗台风、抗赤潮、抗病虫害等优势，实现科学"放牧"。

太平财产保险有限公司福建分公司首席承保福建乾动海上粮仓科技有限公司"乾动1号"海鱼养殖平台船建险，为客户提供风险保障2 000万元/台，该项目是福建省首单"海洋牧场"保险项目。

"乾动1号"深远海养殖平台的投用极大推动了福建传统渔业向现代渔业的转型升级，是太平财产保险有限公司支持福建海洋渔业生态圈发展的重要举措。未来，太平财产保险有限公司将落实国家海洋经济发展部署，积极挖掘深远海产业链保险需求，加快保险产品创新，护航海洋资源的可持续发展。

（三）代表性产品与经营数据

"福海渔保贷"试点工作启动

2022年7月26日，福建省渔业互保协会、福鼎市海洋与渔业局、福鼎市农村信用合作联社三方现场签订战略合作协议，共同为福鼎蓝色海洋经济保驾护航，标志着福鼎"福海渔保贷"试点工作正式启动。

"福海渔保贷"是一项创新开展"政策+信贷+保险"的海上渔排财产保险服务模式，由省渔业互保协会为养殖户提供优惠参保政策，福鼎市农村信用合作联社依据省协会开具的保单保障额度为养殖户提供渔排抵押贷款，并为养殖户统一缴交除财政补贴和优惠政策以外的保费；贷款当期执行年化利率6.8%，因保险责任导致被保险养殖设施发生损失的，可享受塑料网箱15%，深水大网箱10%的绝对免赔率。

经营数据：

截至2018年12月25日，福建省渔业互助保险承担风险保额达501.34亿元，签单保费收入2.36亿元。其中，参加渔民互助保险7.4万人，承担风险345.58亿元，签单保费0.81亿元；参加渔船互助保险0.83万艘，承担风险127.91亿元，签单保费1.28亿元；水产养殖互助保险承担风险3.49亿元，签单保费0.2亿元；渔港财产保险承担风险保额20.61亿元，签单保费0.06亿元；公务船保险承担风险保额3.75亿元，签单保费0.01亿元。

2020年福建省渔船渔工保险覆盖面超过90%，渔业保险签单会费突破3亿元大关，居全国第二位。

2011年12月20日福建省渔业互保协会成立后，经过十年发展，年度保费规模由9 426.89万元增长到2021年的3.9亿元。渔业互保险种从6个增加到13个。累计为89.44万人次渔工和88 946艘次渔船办理了互助保险，累计提供4 835.78亿元的风险保障。2021年福建省渔业保费达3.9亿元，比成立之初的9 426.89万元增长了约3倍。

六、广东省

（一）相关政策

1. 2006年广东省人民政府发布《广东省人民政府关于大力推进我省保险业改革发展的意见》

文件提出，支持在渔船船东互保基础上发展渔业保险。

2. 2012年广东省人民政府办公厅发布《关于大力推广政策性涉农保险的意见》

文件提出，大力推进政策性涉农保险基本项目。2012年、2013年，全省政策性涉农保险基本项目为水稻、森林、渔业、能繁母猪和农村住房保险，其中渔业、能繁母猪、农村住房保险在全省范围内实施，水稻、森林保险在试点的基础上有序推广。

3. 2019年广东省农业农村厅发布《关于联合印发《广东省政策性渔业保险实施

方案》和《广东省政策性水产养殖保险实施方案（试行）》的通知》

文件提出，为引导渔民积极参与政策性渔业保险、减轻渔民负担，省市县财政对参加政策性渔业保险的渔民实行保费财政补贴。为引导水产养殖生产经营者积极参与政策性水产养殖保险、减轻其负担，省市县财政对参加政策性水产养殖保险的企业和个人实行保费财政补贴。

4. 2020年广东省财政厅、广东省农业农村厅、广东省地方金融监管局、广东银保监局、广东省林业局印发《关于大力推动农业保险高质量发展的实施意见》

文件提出，全面落实中央关于农业保险"扩面、增品、提标"要求的总体思路，将水产养殖保险试点推广到全省实施。推动提高规模化水产养殖产品等重要农产品保险覆盖面，将淡水养殖水产品、海水网箱养殖水产品纳入了省级财政补贴型养殖险。

5. 2020年湛江市农业农村局、湛江市财政局、湛江市金融工作局、中国银行保险监督管理委员会湛江监管分局联合发布《湛江市政策性渔业保险实施方案》（以下简称《实施方案》）

《实施方案》明确以服务渔业发展、推进渔业安全生产、保障渔民生命财产安全为目标，积极开展政策性渔业保险工作，切实减轻渔民经济负担，完善渔业风险转移分散机制，全面提高渔业抗风险能力和渔业安全生产保障水平。同时也明确了承保险种、实施步骤、各有关方面职责等。

6. 2022年广东省农业农村厅发布《2022—2024年广东省政策性渔业保险实施方案》

该文件明确了工作目标、基本原则、实施期限、承保险种、实施内容等，其中保费补贴部分指出，非珠三角地区（含江门市的开平、恩平、台山市），省财政补贴比例为30%，市县级财政补贴比例为10%，其中地级市财政补贴比例不得低于5%。珠三角地区，包括广州、珠海、佛山、中山、东莞、江门（不含开平、恩平、台山市）等6市，省财政不予补贴，市县级财政补贴比例不应少于40%，其中地级以上市财政补贴不得低于35%。深圳市参照执行。渔船完全损失险和综合险每艘渔船的省级财政保费补贴上限为20 000元。除各级财政保费补贴资金以外的保费，由雇主或渔民自行承担。雇主或渔民不参保，政府不予补贴。鼓励市、县两级财政加大政策性渔业保险的补贴额度。各地市、县级财政可根据自身财力，在本方案补贴比例的基础上，适当提高补贴比例。各市、县的财政保费补贴资金从成品油价格补助调整对渔业补助预算中安排。

7. 2022年广东省人民政府发布《广东省人民政府办公厅关于加快推进现代渔业高质量发展的意见》

文件提出，支持县（市、区）政府建立政策性涉渔信贷风险补偿资金池，扩大渔业保险覆盖面，发挥省农业供给侧结构性改革基金作用，引导社会资本多渠道投入现代渔业。

（二）典型事件

全省首单水产养殖风力指数保险落地珠海

2021年12月24日，珠海水产养殖风力指数保险正式落地出单，首单由进才水产养殖专业合作社投保。据了解，珠海市水产养殖风力指数保险为广东首创，系以全市水产品为保险标的，设置两层风圈作为受灾依据的风力指数保险。中国人民财产保险股份有限公司珠海市分公司相关负责人表示，保险方案内层风圈半径40千米，外层风圈半径80千米，覆盖了珠海市所有水产品养殖户，财政补贴比例高达80%。其中，保险预计可为6 000亩海鲈提供风险保障3亿元，海鲈养殖户只需自缴保费750元，每亩便可获最高5万元的赔付。

广东首单政策性海水网箱风灾指数保险落地湛江

2021年6月17日，广东首单政策性海水网箱风灾指数保险落地湛江，来自徐闻县和安镇冬松村的海水网箱养殖户张大叔尝到"头啖汤"，他养殖的是金鲳鱼，获得中国人民财产保险股份有限公司湛江市分公司提供的150万元的台风灾害风险保障。

作为渔业总产值在全省排名第一的养殖大市，湛江的海水网箱养殖户却长期面临"参保无门"的障碍。在湛江市农业农村局、湛江市金融局和湛江银保监分局等监管部门的合力推动下，此次新险种的落地，开启了湛江保险业护航蓝色经济的新篇章。

全国首单创新性水产养殖制种育苗保险落地广州花都

2022年4月29日，在广东省农业农村厅的专业指导下，全国首单创新性水产养殖制种育苗保险在广州市花都区成功落地。该保险由中国人寿财产保险股份有限公司广东省分公司承保，将为广东五龙岗水产科技发展有限公司累计提供50万元风险保障，覆盖超200万尾鱼苗种。鉴于水产苗种繁育已成为花都具有核心竞争力的支柱性农业产业，中国人寿财产保险股份有限公司广东省分公司作为花都区政策性农业保险经办单位，针对花都水产苗种企业制种育苗过程中风险管理的急难愁盼问题，联合广东省水产苗种龙头企业——广东五龙岗水产科技发展有限公司对水产苗种繁育风险特点进行深入的研究和启动水产制种育苗保险产品研发计划，并成功落地实施。此创新险种将决定水产苗种育成率的正常养殖水体环境观测指标作为投保的必要条件，在承保端实行风险减量。

梅州首单鱼饲料"保险+期货"成本指数保险落地

2022年3月28日，中国平安财产保险股份有限公司广东分公司梅州中支联合中国大地财产保险股份有限公司，成功落地梅州首单鱼饲料"保险+期货"成本指数保险，为梅县区水车镇大新森昌鱼苗场提供1 980万元的饲料价格风险保障。

中国平安财产保险股份有限公司联合中国大地财产保险股份有限公司以"保险+期货"的创新方式，利用保险工具直接将饲料价格波动的风险转移至期货市场，帮助养殖户提高市场风险抵御能力，从而降低养殖风险和养殖成本，提高了经营水平和经济效益。2021年起，中国平安财产保险股份有限公司广东分公司独家承办梅州市政策性淡水水产养殖保险，并通过不断创新，陆续开发了淡水养殖天气指数保险、鱼病医疗费用保险等，累计为梅州市11 641亩鱼塘等提供超9 000万元风险保障。

（三）代表性产品与经营数据

代表性产品：

除了水产养殖保险外，广东省还开发了包括水产养殖风力指数保险、海水网箱养殖保险、对虾综合气象指数保险、淡水养殖低温气象指数保险、鳗鱼气象指数保险等系列水产保险创新险种。

2020年，对虾气象指数保险被纳入广东省阳江市政策性地方特色保险试点范畴，中华联合财产保险股份有限公司阳江中心支公司在了解到养殖户需求后，立即开展调研，制订产品方案，并在政府部门及养殖协会的指导下不断完善产品设计思路。根据保险方案，当对虾养殖户所在区域的降雨、风力、温度达到相应指标时，则触发保险理赔。将气象指数作为保险理赔的唯一依据，不仅可以实现快速定损，还能有效解决传统水产养殖保险"定损难、争议大"的问题。

根据实施方案，对虾气象指数保险每亩保费为1 000元，其中政府补贴65%、农户自缴35%，即农户需花费350元可获得10 000元/亩的风险保障。政策性对虾养殖保险的成功落地，有效填补了阳江市对虾养殖风险保障的空白区域，为全市对虾养殖产业可持续发展提供了强有力的支持。

经营数据：

根据广东省渔业互保协会珠海代办处2020年的数据，自政策性渔业保险方案正式出台以来，珠海共办理政策性渔业保险雇主责任险（即人保）850宗，覆盖渔船712艘，渔船覆盖率约48%；保障船员1 704人；总保额约7.4亿元，总保费约161.3万元，其中政府补贴保费金额约61.7万元。另外，珠海渔民办理政策性渔业保险渔船财产险（即船保）37宗，总保额约1 158万元，总保费约14.8万元，其中政府补贴保费金额约4.7万元。

七、海南省

（一）相关政策

1. 2006年海南省人民政府发布《海南省人民政府关于加快我省保险业改革发展的意见》

文件提出，发展热带高效农业保险。以发展大宗农产品保险为重点，开办橡胶、香蕉、冬季瓜菜等种植业和家禽家畜、鱼虾等养殖业和海洋渔业保险，并探索发展包括农产品加工、运输在内的一揽子农业保险制度，扩大农业保险的覆盖面。

2. 2007年海南省人民政府发布《2007年我省农业保险试点方案》

文件提出，2007年农业保险试点险种包括橡胶树风灾保险、香蕉风灾保险、生猪保险、渔船全损保险、渔民海上人身意外伤害保险、船东雇主责任保险。

3. 2009年海南省人民政府发布《海南省2009年农业保险试点方案》

该文件明确了试点规模与试点区域范围：① 渔船全损保险试点规模为1 100万元保费收入，在全省沿海市、县试点。② 渔民海上人身意外伤害保险、船东雇主责任保险试点规模为10万人（次），在全省沿海市、县试点。

4. 2010年海南省人民政府发布《2010年海南省农业保险试点方案》

该文件明确了试点规模与试点区域范围：① 渔船保险试点规模为1 200万元保费收入，在全省沿海市县试点。② 渔民海上人身意外伤害保险、船东雇主责任保险试点规模为12万人（次），在全省沿海市县试点。

5. 2010年海南省人民政府发布《海南省人民政府贯彻国务院关于推进海南国际旅游岛建设发展若干意见加快发展现代服务业的实施意见》

文件提出，推进农业保险试点，发展农业、渔业保险新产品，鼓励发展农村小额保险。发展船舶、海上货运、保赔保险等保险业务，推动有实力的金融机构、航运企业共同建立航运保险机构。

6. 2011年海南省人民政府发布《2011年海南省农业保险试点方案》

文件提出，2011年海南省农业保险试点保险险种共13个，除上年的以外，新增南繁制种水稻保险、罗非鱼养殖保险、深水网箱养殖保险。

7. 2015年海南省人民政府发布《海南省人民政府关于加快发展现代保险服务业的实施意见》

文件提出，大力发展海洋保险。拓宽海洋保险服务领域。加快发展邮轮游艇、海上旅游、海上赛事等保险，服务海洋旅游业。大力发展船舶保险、航运保险等业务，服务海洋交通运输业。加快发展海洋基础设施保险和海洋石油天然气勘探开发等工业设施保险，支持我省临港工业做大做强。发展海洋生态损害责任保险，支持海南创建国家级海洋生态文明示范区。建立健全南海渔业保险制度。进一步完善渔业政策性保险，推动渔船保险、渔民保险、水产养殖保险和渔业种苗繁育保险的发展，积极参与南海防灾救灾体系建设。加大对南海渔业保险的财税政策支持，争取中央将南海渔业保险列入农业保险中央险种补贴范围，出台我省南海生产渔船渔民保险保费专项补助政策。

8. 2016年海南省人民政府发布《海南省人民政府关于促进现代渔业发展的意见》

文件强调，建立健全渔业保险支持政策，在风险可控制、财力可承担的前提下，逐步探索将水产养殖保险纳入财政政策性农业保险范畴，逐步建立渔业养殖保险制度，试点"养殖证+银行+保险+气象指数"相结合的渔业保险产品，探索开展深水网箱养殖等高风险渔业保险。

9. 2017年海南省人民政府发布《2017年海南省农业保险工作实施方案》

2017年，正式在全省范围内开展的农业保险险种共16个，包括渔船保险和渔民海上人身意外伤害保险。考虑到海南属于自然灾害频发地区，将选择2～3个市县研究开展巨灾保险试点，探索建立巨灾风险分散机制。另外，海南省还将进一步研究探索在三沙海域开展渔业养殖保险试点。

该文件指出，有条件的市县政府可探索运用农业保险进一步推动农业供给侧结构性改革，加快农业现代化步伐，并选择有海南省特色、存量规模大且稳定、对促进"三农"发展有重要意义的大宗农作物、特色畜禽、花卉和水产养殖的深水网箱、鱼排网箱风灾指数保险以及农产品价格指数保险、收入保险等创新型保险产品作为试点，与种养业共保体成员单位探索地方特色险种，同时稳步推进"保险+期货"试点，省或市县财政可给予适当支持。其中，在市县财政至少补贴10%的基础上，省级财政补贴40%，但省级财政对每一个市县的特色险种补贴总金额不高于100万元（五指山、白沙、琼中、保亭、临高等5个国家级贫困市县不高于150万元）。

10. 2020年三亚市农业农村局发布《三亚市2020年政策性农业保险（种养及渔

业）实施方案》

文件提出，通过政府组织引导，充分发挥中央、省、市财政对农业保险的优惠补贴政策，采取渔业保险渔民与船东自愿投保和必要的强制性参保相结合的措施，扩大渔业保险范围，同时，不断完善工作制度，规范工作程序，提高服务质量，积极推进三亚市渔业保险工作健康有序地发展。

（二）典型事件

海南省推出首个深海养殖天气指数保险

2015年11月4日，在海南澄迈县桥头镇举行的海南省深水网箱养殖风灾指数保险签单仪式上，海南省开出首批两张深海网箱养殖天气指数保险保单，投保人为两名小规模渔业养殖户，保险金额为20万元，保费为2.04万元。在一年的保险期限内，如果被投保的养殖网箱附近发生超过12级的台风，无论是否发生损失均可获得相应赔付。

海南水产养殖保险于2012年在世界银行贷款的支持下启动试点探索，但水产养殖保险推广难度大。为了保证理赔的合理性，中国太平洋财产保险股份有限公司海南分公司将天气指数保险引入深海网箱鳌头保险中，理赔诱发条件为当地的天气情况。投保人可以选择12级以上风力作为起赔风险条件，保险金额为网箱及其中鱼类的最高价值。天气指数保险有赔付快、理赔成本低、定损争议小、基本规避道德风险的优点。投保了深海养殖天气指数保险的渔民在受灾后很快可以获得每口网箱2万元左右的保险赔付，保证养殖户可以购鱼苗再生产。

国内首单"养殖工船"鱼养殖保险落地海南

2021年，中国太平洋财产保险股份有限公司在业内首创"养殖工船"鱼养殖保险，并在海南成功落地首单。中国太平洋财产保险股份有限公司海南分公司为海南省民德海洋发展有限公司"MINDE"号养殖工船上的黄鲷鱼在养殖过程中面临台风、寄生虫侵袭和赤潮灾害等风险提供保障，这标志着中国太平洋财产保险股份有限公司全方位护航"海洋牧场"建设，在海洋养殖保险领域又有了新突破。

中国太平洋财产保险股份有限公司创新推出的"养殖工船"鱼养殖保险通过与从船上物联网技术设备对接，对养殖环境全程监控和GPS定位养殖工船锚泊位置，日常定期和灾前收集养殖数据，一方面可以有效解决传统水产养殖险定损难的问题；另一方面可以起到全程预警作用，降低养殖风险。

海南首个水产品育种保险落地文昌

2022年7月9日，在省财政厅、省农业农村厅和文昌市政府的支持和指导下，由中国人民财产保险股份有限公司海南分公司开发的水产品育种保险在文昌市会文镇冯家湾现代化渔业产业园正式签单落地，为入驻产业园区的养殖户曾广能投产的11个石斑鱼育苗池提供了16.8万元的保险风险保障，这也是海南省首个水产品育种保险产品。

海南首单深水网箱养殖保险项目获赔付906万元

2017年，海南省探索启动渔业养殖保险试点，并鼓励有条件的市县试点开展水产养殖的深水网箱保险。中国太平洋财产保险股份有限公司海南分公司率先在海南省开展深水网箱保险试点，并于2017年7月承保了临高新盈水产养殖基地（临高海丰养殖发展有限公司）88口80米周长网箱的金鲳鱼养殖保险，总保费110万（其中市县财政补贴80%，共88万元；企业自缴20%，共计22万元），为企业提供2 200万元的最大风险保障。这是海南省首单规模化的水产养殖保险项目，也标志着我国规模化政策性深水网箱养殖金鲳鱼保险实现零的突破，为饱受台风等自然灾害困扰的金鲳鱼养殖户解决了后顾之忧。

2017年10月22日，海南海丰渔业发展集团有限公司在临高后水湾深水网箱养殖的金鲳鱼突发疾病造成大量死亡。经查勘，此次疾病暴发主要由"卡努"台风造成的洋流污染、海水低位、养殖密度大、市场价格低迷延后捕捞等多因素导致。在核定属保险责任事故后，中国太平洋财产保险股份有限公司海南分公司最终向投保养殖户赔付906万元。

（三）代表性产品与经营数据

海南省推出的代表产品包括深海养殖天气指数保险、罗非鱼养殖收入保险、深水网箱养殖保险、水产品育种保险等险种。

罗非鱼养殖收入保险在海南省独具代表性，海南是我国罗非鱼的重要养殖基地。近年来，受国际贸易形势变化影响，鱼市收购价格不稳定，使得养殖户的经济收入受到影响，养殖户急需给罗非鱼的养殖收入提供保障。

为了保障海南罗非鱼产业的稳定发展，2019年以来，中国人民财产保险股份有限公司海南省分公司在省农业农村厅的指导下，邀请省内的水产专家学者出谋献策，成立了专门的金融支农创新服务团队开发保险产品，积极向农业农村部申请要求购买开发出的罗非鱼养殖收入保险项目，用于保障海南罗非鱼养殖户的收入稳定，进一步促进产业的加快发展。该项目获得了农业农村部的批准同意实施，并在保险的资金方面给予有力的支持，对投保的罗非鱼养殖户补贴保费的80%，养殖户只需缴交保费的20%，即可获得保险公司提供的收入保险保障。

参考文献

［1］张源. 海洋强国背景下海洋保险的治理与创新［M］. 北京：中国政法大学出版社，2017：23-25.

［2］金成波，张源，覃慧. 海洋强国背景下的海洋保险——理念更新、政策推进与法治完善［J］中国保险，2016（9）：44-49.

［3］杜鹃. 海上保险（第二版）［M］. 上海：上海财经大学出版社，2015：66-88，119-120.

［4］孔项生，朱金善. "桑吉"轮与"长峰水晶"轮碰撞事故原因与责任分析［J］. 世界海运，2018. 41（6）：1-8.

［5］陈冬梅. 环境污染责任保险：理论与实践［M］. 上海：复旦大学出版社，2019：122-130.

［6］应世昌. 新编海上保险学［M］. 上海：同济大学出版社，2005：306-313.

［7］初北平，曹兴国. 海上保险及其立法起源考［J］. 中国海商法研究，2013，24（4）：34-40.

［8］王永宏. 海上保险的起源［J］. 海洋世界，2004（11）：16.

［9］熊民樑. 对新历史条件下英国海上保险保证制度的探究［J］. 珠江水运，2022（3）：86-89.

［10］姚新超. 国际贸易保险［M］. 北京：对外经济贸易大学出版社，2017：225-226.

［11］黄华明. 中外保险案例分析［M］. 北京：对外经济贸易大学出版社，2005：297-310.

［12］仪喜峰. 论海上保险代位求偿权［J］. 上海海事大学学报，2012. 33（3）：75-80.

［13］乌日乐，森田浩一郎，马芸. 日本航运保险的独特做法［J］. 中国保险，2015（6）：18-19.

［14］何小伟，吴学明. 国外渔业保险发展经验对我国的借鉴［J］. 农村金融研究，2021（7）：19-25.

［15］王学士.海上保险法制现代化在日本法中的发展演进——告知义务规则体系的比较法考察［J］.上海保险，2022（1）：19–39.

［16］魏华林.林宝清.保险学（第四版）［M］.北京：高等教育出版社，2017：70–82.

［17］汪鹏南，初北平，陈小岗.中国海上保险案例摘要及评论［M］.大连：大连海事大学出版社，2003：50–91.

［18］曹胜亮，冯梅，黄学里.海商法［M］.武汉：华中科技大学出版社，2011：183–185.

［19］张丽英，李倩瑶.2016年《约克——安特卫普规则》规则六解读［J］.中国海商法研究，2017，28（1）：114–120.

［20］张诗雨.我国古代海运事业的形成——《海上丝路叙事》系列之六［J］.中国发展观察，2016（6）：58–62.

［21］徐晓.党领导下的新中国保险业发展历程［J］.上海保险，2021（7）：5–11.

［22］王睿智.改革开放以来中国保险业发展历程与思考［J］.北方经贸，2019（11）：38–42.

［23］曾省存，刘飞，刘明波，等.中国渔业保险现状分析和发展模式探索［J］.中国渔业经济，2011，29（3）：36–47.

［24］张聪，姜启军.我国渔业保险存在的问题与建议［J］.江苏农业科学，2010（3）：477–479.

［25］朱俊生，庹国柱.论中国渔业互保协会的运作模式及其完善［J］.保险研究，2011（5）：36–46.